TRÍDUO PASCAL

Coleção Tabor

Celebrar a Eucaristia: tempo de restaurar a vida –
Valeriano Santos Costa

Liturgia das Horas: celebrar a luz pascal sob o signo da luz do dia –
Valeriano Santos Costa

Tempo e canto litúrgicos – Bruno Carneiro Lira

Tríduo Pascal: espiritualidade e preparação orante –
Antonio Francisco Lelo

Antonio Francisco Lelo

TRÍDUO PASCAL
Espiritualidade
e preparação orante

Paulinas

Dados Internacionais de Catalogação na Publicação (CIP)
(Câmara Brasileira do Livro, SP, Brasil)

Lelo, Antonio Francisco
  Tríduo Pascal : espiritualidade e preparação orante
/ Antonio Francisco Lelo. – São Paulo : Paulinas, 2009.
– (Coleção tabor)

  Bibliografia.
  ISBN 978-85-356-2397-0

  1. Jesus Cristo - Ressurreição   2. Mistério Pascal
  3. Páscoa - Celebrações   4. Simbolismo   5. Trindade
  6. Vida cristã   I. Título.   II. Série.

09-00145   CDD-263.93

Índices para catálogo sistemático:
1. Páscoa : Simbolismo : Cristianismo   263.93
2. Vida pascal cristã : Símbolos : Cristianismo   263.93

Direção-geral: *Flávia Reginatto*
Editores responsáveis: *Vera Ivanise Bombonatto e Antonio Francisco Lelo*
Copidesque: *Leonilda Menossi e Anoar Jarbas Provenzi*
Coordenação de revisão: *Marina Mendonça*
Revisão: *Jaci Dantas*
Direção de arte: *Irma Cipriani*
Gerente de produção: *Felício Calegaro Neto*
Editoração eletrônica: *Wilson Teodoro Garcia*
Ilustrações: *Gustavo Montebello*

Nenhuma parte desta obra pode ser reproduzida ou transmitida por qualquer forma e/ou quaisquer meios (eletrônico ou mecânico, incluindo fotocópia e gravação) ou arquivada em qualquer sistema ou banco de dados sem permissão escrita da Editora. Direitos reservados.

Paulinas
Rua Pedro de Toledo, 164
04039-000 – São Paulo – SP (Brasil)
Tel.: (11) 2125-3549 – Fax: (11) 2125-3548
http://www.paulinas.org.br
editora@paulinas.com.br
Telemarketing e SAC: 0800-7010081
© Pia Sociedade Filhas de São Paulo – São Paulo, 2009

Ao viver a Sagrada Liturgia, celebrando o *Mistério Pascal*, os discípulos de Cristo penetram mais nos *mistérios do Reino* e expressam de modo sacramental sua vocação de *discípulos e missionários*.

Os fiéis devem viver sua fé na centralidade do *Mistério Pascal* de Cristo através da *Eucaristia*, de maneira que toda a sua vida seja cada vez mais eucarística.

(*Documento de Aparecida*, nn. 250 e 251)

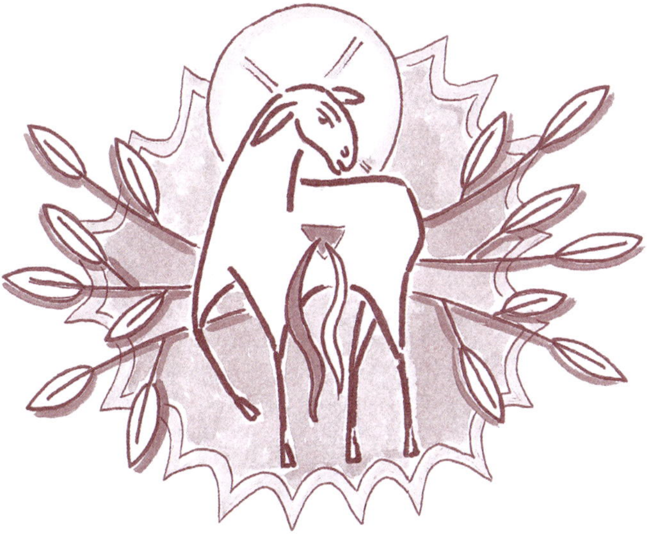

Introdução

Por meio de sua Morte e Ressurreição, Jesus Cristo realizou de uma vez por todas o misterioso desígnio de Deus Pai e cumpriu a promessa de salvação em favor da humanidade, decaída pelo pecado. A esse maravilhoso evento de salvação chamamos *Mistério Pascal* e o celebramos de modo particular na Semana Santa, que tem seu ponto alto no *Tríduo Pascal*.

Interessa-nos aprofundar esse grande acontecimento vivido por Jesus porque ele o deixou como sacramento na celebração da Eucaristia, e toda a vida litúrgica da Igreja o comemora em suas orações e sinais sacramentais.

Este subsídio busca nos ajudar a:

- compreender o sentido do memorial pascal nas três celebrações principais que a Igreja lhe dedica: Ceia do Senhor, Paixão do Senhor e Vigília Pascal;
- perceber como os sacramentos de iniciação cristã nos tornam participantes dele.

Atualmente, o documento *Diretório nacional de catequese*,[1] da CNBB, insiste na catequese com estilo catecumenal. O catecumenato centraliza o caminho catequético em torno da Páscoa, maximamente na Vigília Pascal, na qual os adultos recebem o Batismo, a Confirmação e a Eucaristia.

Este subsídio colabora para que os agentes de liturgia e os catequistas compreendam melhor qual é a importância dessa unidade sacramental e porque a Vigília Pascal gera a identidade cristã marcando definitivamente nosso ser cristão.

São apresentados os passos para a preparação orante individual e para a equipe de liturgia aprofundar os textos da Palavra e da oração litúrgica, com a finalidade de vivenciar a Páscoa na vida pessoal e comu-

---

[1] São Paulo, Paulinas, 2007.

nitária. Na verdade, todo cristão deve se preparar para viver intensamente esse mistério ao longo de toda a sua existência, até cumprir a Páscoa final, a passagem definitiva para a casa do Pai.

Os relatos de alguns testemunhos atuais de fé refletem a luminosa realização da Páscoa na vida desses irmãos, e, por sua vez, mostram aos cristãos que é igualmente possível viver a Páscoa do Senhor em nossos tempos.

Encarte

O CD encartado traz oito composições de Pe. Geraldo Leite Bastos, expoente no processo de inculturação da música litúrgica no Brasil, preparadas com esmero por Fr. Joaquim Fonseca, ofm, que cuidou da direção musical e já realizou amplos estudos sobre o compositor.[2] Ressaltamos que algumas dessas músicas estão registradas no *Hinário Litúrgico* da CNBB.[3]

As músicas seguramente nos ajudarão a adentrar na profundidade de tão grande mistério. Vale a pena ouvir várias vezes as composições, pois estaremos cantando o mistério celebrado. O canto tem o poder de consolar, acalmar e de nos orientar para a centralidade do mistério. Apresentaremos a letra das canções acompanhada de um pequeno comentário no lugar próprio de cada uma das três celebrações litúrgicas.

1. Ter orgulho não é bom (*Hinário litúrgico*, vol. 2, p. 35)
2. Jesus ergueu-se da ceia
3. Hoje é festa (*Hinário litúrgico*, vol. 2, p. 149)
4. A minha alma está triste até a morte
5. As sete últimas palavras (*Hinário litúrgico*, vol. 2, p. 177)

---

[2] Originalmente, essas gravações pertencem à coleção Cantos da Nação do Divino (2 volumes). As músicas do encarte pertencem ao vol. 2: *Tríduo Pascal na Ponte dos Carvalhos*. São Paulo, Comep, 2003.

[3] CNBB. *Hinário litúrgico*; Quaresma, Semana Santa, Páscoa, Pentecostes. São Paulo, Paulus, 1987. vol. 2.

6. Fiel madeiro da cruz
7. Exulte de alegria
8. Cântico de Moisés

> Padre Geraldo Leite Bastos nasceu em 12 de dezembro de 1934; foi ordenado presbítero da Arquidiocese de Olinda e Recife em 8 de dezembro de 1961. Faleceu em 19 de abril de 1987, Domingo da Ressurreição. Foi um dos promotores pioneiros e mais criativos de uma liturgia enraizada na cultura popular em nosso país. O repertório musical de Pe. Geraldo Leite pode ser considerado um paradigma, ou seja, um referencial indispensável para todos aqueles e aquelas que se propõem a servir ao povo de Deus, seja na arte da composição musical, seja no momento da escolha do repertório litúrgico. A profunda experiência litúrgica enraizada no sertão nordestino marcou de forma significativa a obra desse compositor.[4]

---

[4] Cf. FONSECA, Joaquim. *O canto novo da Nação do Divino*. São Paulo, Paulinas, 2000. pp. 16 e 226.

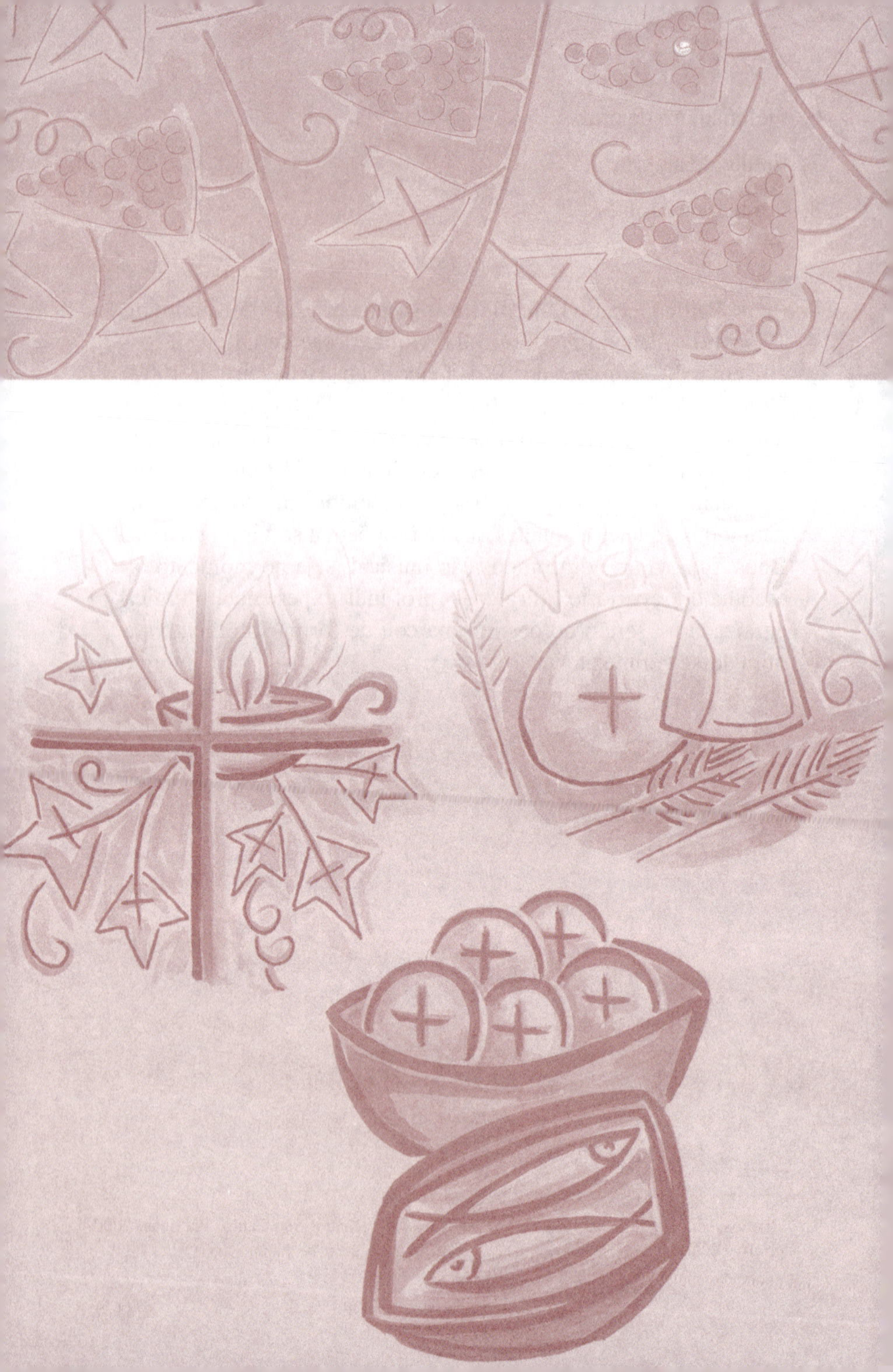

Como preparar as celebrações

"Há gente séria e consciente buscando preparar-se para servir com mais qualidade. Formação não cai do céu. Nem vem de graça. É preciso caminhar ou gastar combustível. Cansar ouvindo, participando, lendo, planejando, rezando. Há muita gente se esforçando, preparando-se corajosamente para enfrentar os novos desafios, especialmente na cidade. E o testemunho? E a opção? Vão à frente [...].

O serviço à liturgia é uma pastoral — como outra — com a qual é preciso gastar tempo e paciência. Depende de investimento humano e material para dar retorno.

Em cada comunidade sempre há pessoas que gostam de cuidar da igreja, proclamar uma leitura, cantar e tocar um instrumento, animar, acolher, interceder [...]. Mas não basta só ter boa vontade. Boa vontade é o primeiro passo. A celebração eucarística e seus ritos exigem qualidade de ação.

Todos os convocados por Deus para essa assembleia devem contribuir para formar seus líderes. Atualizar o Memorial da Salvação significa imbuir-se de espiritualidade, conhecimentos litúrgicos e prática eclesial."[1]

Saber "como fazer" os ritos diferentes do Tríduo Pascal é importante, mas não é tudo. Há muito mais. É preciso descobrir e aprofundar "o que" a liturgia celebra em seus ritos e preces nesses dias. Se eu sei "o que é" uma coisa, fica mais fácil saber "como fazê-la". "Mais do que simplesmente tomar conhecimento teórico e técnico dos elementos da celebração, o momento da preparação da ação litúrgica tem por objetivo dispor os ministros a mergulhar no dinamismo do culto de Cristo ao Pai. É antecipadamente colocar-se em clima de celebração dos mistérios cristãos."[2]

Por isso, a preparação é não apenas uma distribuição mecânica de tarefas mas sim uma oportunidade para, individualmente e também em grupo, aprofundar o mistério da fé celebrada em atitude orante, vivencial

---

[1] RIGO, Ênio José. *A formação litúrgica*. São Paulo, Paulinas, 2009 (em preparação).
[2] CNBB. *Guia litúrgico-pastoral*. 2. ed. Brasília, CNBB, 2007. pp. 127-128.

e contemplativa. Ao preparar a celebração, o grupo tomará consciência das partes de cada celebração, de seu significado e da vida da comunidade que a envolve. Daí a importância de seguir os passos sugeridos.

O grupo terá em mãos o *Lecionário Dominical A-B-C* ou a Bíblia com as partes das leituras da celebração já marcadas. Possivelmente terá o *Missal Romano* para acompanhar cada parte e também conhecer e rezar as orações que são propostas para cada celebração.

Passos da preparação[3]

Situar a celebração no tempo litúrgico e na vida da comunidade

Deve-se aprofundar o sentido do tempo litúrgico da Páscoa, e discutir algumas características próprias que darão um estilo à celebração. Não se celebra do mesmo jeito em cada um dos três dias.

Apoiado nos subsídios da Campanha da Fraternidade, fazer a ligação do tema, pessoas e situações evidenciadas naquele ano com a celebração pascal. Conhecer os acontecimentos marcantes da vida da comunidade, tanto os presentes quanto os que passaram — sociais, religiosos, do dia-a-dia, da comunidade, da região, do país, do mundo — para enraizar a celebração no chão da vida.

Aprofundar as leituras

Ler os textos bíblicos. Convém iniciar pelo Evangelho, que é a leitura principal do Mistério de Cristo celebrado. A seguir, a primeira leitura, o salmo responsorial e a segunda leitura. Refletir sobre os textos proclamados. Confrontar a Palavra de Deus com a vida, com a ajuda das seguintes perguntas: O que dizem as leituras? O que significam para a nossa vida? Como podem orientar nosso agir? Quais os desafios de nossa realidade hoje? Como a Palavra de Deus ilumina nossa realidade? Como ligamos a Palavra com o mistério celebrado?

---

[3] Seguiremos: CNBB. *Animação da vida litúrgica no Brasil*. São Paulo, Paulinas, 1989. nn. 213-227. (Documentos da CNBB, n. 43).

Ouvir em atitude orante os cantos oferecidos pelo CD encartado; cantar aqueles próprios da celebração. Antes da celebração na grande assembleia da comunidade, rezar e aprofundar as orações litúrgicas e a Palavra como experiência orante que diz respeito a cada um que irá exercer um ministério.

Usar a criatividade

À luz dos passos anteriores — vida da comunidade, tempo litúrgico, Palavra de Deus — procurar, num exercício de criatividade, fazer surgir ideias, mesmo que desordenadas, à maneira de uma tempestade mental (*brainstorm*). Selecionar depois as ideias a respeito de ritos, símbolos, cantos, para os ritos da entrada, o ato penitencial, o gesto da paz, a proclamação das leituras etc.

Elaborar o roteiro da celebração

Passando em revista as diversas partes da Missa e as peculiaridades que cada celebração do Tríduo tem, escolhem-se os cantos e os ritos para cada momento, registrando tudo numa folha-roteiro, que servirá de guia para os diversos ministros.

Essas etapas ou passos seguem os critérios da reforma litúrgica promovida pelo Concílio Vaticano II, que tomou como uma de suas linhas mestras a participação ativa, consciente e frutuosa nas celebrações, para que o povo de Deus participasse interior e exteriormente do culto litúrgico:

- *conhecer o significado teológico da celebração* é o primeiro passo;

- o segundo é *vivenciar a celebração com piedade*, isto é, com unidade de corpo e de espírito, porque rezamos com a boca em consonância com o corpo; a atitude exterior combina ou é resultante daquilo que perpassa nosso interior e anima nosso coração;

- claro que tudo isso deverá *chegar à prática*, se transformar em gestos concretos de solidariedade em favor do outro e resultar num mundo melhor: este é o terceiro passo.

Preparar a celebração e preparar-se

Ao exercer algum ministério (serviço) durante a celebração, a pessoa ajuda a comunidade a rezar melhor, evitando tudo aquilo que distrai a assembleia (som muito alto, ruídos...). É bom que todos os participantes estejam em atitude orante para ouvir o Senhor. A Palavra e a entrega de Jesus são o centro das atenções durante a celebração. Oferecemos nossa voz para ler ou cantar e, se formos solicitados, serviremos junto ao altar sempre de modo discreto e sabendo claramente o que fazer e como se portar.

Para proclamar as leituras na assembleia, devemos ler o texto com antecedência, entender seu conteúdo (e não "ler como papagaio"), usar o microfone na altura certa, modular a voz corretamente, colocar-se próximo ao ambão etc. Ao ler, usar a entoação de voz própria ao tipo de leitura, ao gênero literário (narrativa, texto sapiencial, ensinamento, parábola...). A segurança dos gestos evitará a pressa na leitura. A quem faz a proclamação se pede um grau maior de responsabilidade. Quem exerce esse ministério na Missa, que o faça com a maior qualidade e deixe-se ajudar pelos novos instrumentos da comunicação.

Tudo deve ser conferido antes, para evitar hesitação. Na celebração litúrgica, os gestos e os movimentos são sempre realizados com respeito e seriedade, e revelam os sentimentos de fé de todos que atuam na celebração e participam dela.

Recuperar a força da Palavra

Se uma palavra humana deve ser seguida e posta em prática, muito mais a Palavra de Deus deverá se tornar em nós *palavra de vida,* pelas palavras e gestos dos que a ouviram.

Em grau ainda maior e superior e num lugar ainda mais eloquente, a Palavra de Deus proclamada na liturgia deve ser crida por todos como um sacramento que nutre a fé e encoraja a participação. Por ela, Deus se revela. Nela, Deus fala. Dela, sai uma força que move homens e mulheres a realizar atitudes heróicas, que chegam à doação da própria vida.

Se a Palavra tem tão grande mérito e torna-se sacramento no ouvinte, cabe ao leitor que a proclama:

1. Preparo: cuidar da pontuação, não tropeçar ou "engolir" as palavras; pronunciar em claro e bom tom;

2. Unção: fazer da leitura um ato de fé, uma oração; falar com a alma e com piedade, com respeito ao que pronuncia;

3. Responsabilidade: tomar consciência de que me ponho à disposição de Deus pela minha voz, pessoa, sentimentos, olhos, rosto, mãos, lábios, expressão, porque "a fé entra pelo ouvido" (Rm 10,17) e para que conduza à conversão;

4. Mediação: nesta hora, o leitor é o mediador entre Deus que fala e a comunidade que escuta. Quem escuta não lê ao mesmo tempo no folheto. Com que autoridade retirar ou acrescentar ou mesmo distorcer o que Deus quer dizer?

Ministérios

1. Quem proclama a Palavra de Deus serve a assembleia com talentos de um bom leitor. Alimenta-os à mesa pela simplicidade e ternura ao dizer o que o Pai mandou. Não muda o texto, não corta palavras, nem acrescenta. Lê! Serve ao texto, não se serve dele.

2. Quem distribui a comunhão serve à comunidade de fé, alimentando-a com a Eucaristia. Que o faça com diligência, compenetração e capacidade.

3. Quem acolhe os que chegam serve-os com a gentileza e com a humildade de quem está representando o Senhor. Com ares não de senhorio mas sim de escravo, visível no olhar, nas palavras, nos gestos, a fim de que quem é acolhido perceba que na assembleia na qual toma parte reina a igualdade entre todos. Há diferença e distinção somente pela função que desempenham e pela qualidade do serviço que prestam, e nada mais.

4. O mesmo vale para quem prepara o altar ou leva a Bíblia; quem proclama o Evangelho ou canta o salmo responsorial; quem intercede ou cuida do som; recebe ou motiva a coleta. Numa Igreja toda ministerial todos têm lugar.[4]

---

[4] Rigo, Ênio José. *A formação litúrgica*. São Paulo: Paulinas, 2009 (em preparação).

O Ano Litúrgico

Todos os domingos vamos à Missa para celebrar algum acontecimento relacionado à vida de Cristo. A cada vez é proclamado um Evangelho diferente, junto com leituras que parecem não ter nada a ver uma com a outra. Uma hora há flores no presbitério (onde fica o presbítero, o padre); outras, não. Às vezes, canta-se com entusiasmo e repetidamente o Aleluia; às vezes, a celebração transcorre com moderação, sem muita alegria aparente. As celebrações se diferenciam porque as cores mudam: em um domingo usa-se o vermelho, por certo tempo usa-se o roxo ou o branco, ou então o verde. Quais são os motivos disso?

"Bem no começo da Igreja os primeiros cristãos se reuniam para fazer memória da Ressurreição de Jesus Cristo em cada domingo do ano, como acontece até hoje. Mas não tardou a que se sentisse necessidade de comemorar de um modo especial o grande evento de nossa salvação. Por isso, foram 'surgindo' celebrações que se desdobraram em mais dias, lembrando os 'momentos centrais' da Paixão, Morte e Ressurreição do Senhor Jesus. Assim, estruturaram-se celebrações especiais que hoje integram o que chamamos de Tríduo Pascal, bem como outras celebrações, tendo em vista, além da memória dos mistérios de Cristo, também a iniciação sacramental dos que desejam ser cristãos e a reconciliação dos cristãos que, após o Batismo, se deixaram levar pelo pecado. Tudo isso se formou ao longo de vários anos sucessivos até chegar à estrutura atual do nosso Ciclo Pascal (Quaresma, Tríduo e Tempo Pascal)."[1]

Na Igreja, além de termos um tempo próprio com preparação e continuidade da comemoração pascal, formando um ciclo específico, celebramos a Páscoa durante o ano inteiro, pois é o mistério central de nossa salvação. Ao celebrá-la, fazemos memória dos acontecimentos salvíficos que Jesus realizou junto com seu povo.

É importante perceber que esse tempo da Igreja, chamado Ano Litúrgico, não coincide com o início e o fim do ano civil.

---

[1] SALVINI, José Adalberto. Para entender e viver o Tríduo Pascal. Disponível em: www.asli.com.br.

Finalidade do Ano Litúrgico

O Ano Litúrgico contribui para reproduzir em nós a vida de Cristo; cumpre com a necessidade de incorporar os fiéis ao mistério da salvação, reproduzindo neles a imagem do Filho de Deus feito homem (cf. Rm 8,29; 1Cor 15,49). "Através do ciclo anual, a Igreja comemora todo o mistério de Cristo, da encarnação ao dia de Pentecostes e à espera da vinda do Senhor."[2]

Ao celebrar os acontecimentos protagonizados por Cristo (transfiguração, curas, ensinamentos, encontros com a samaritana ou Nicodemos, Paixão, Morte e Ressurreição), a Igreja faz memória deles e torna-nos seus contemporâneos.

Assim, vivemos em um contínuo *hoje*, um tempo novo de graça e de salvação, inaugurado por Cristo, na força do Espírito, e que se faz presente no meio de nós (cf. Mc 1,15). Nas solenidades é comum ouvirmos expressões que mostram essa atualidade: "Vosso Filho Jesus, Rei da Glória, subiu *hoje* ante os anjos maravilhados ao mais alto dos céus" (prefácio da Ascensão do Senhor I); "Derramastes, *hoje*, o Espírito Santo prometido" (prefácio: O mistério de Pentecostes).

A cada ano, celebramos os mesmos fatos históricos da vida de Cristo, mas sempre de maneira diferente, pois não somos os mesmos: já nos convertemos, tornamo-nos mais próximos de Deus.

O ano civil segue o ciclo do sol, por isso as datas são fixas. Já o calendário litúrgico, que tem como centro e cume a celebração anual da Páscoa, segue o ciclo lunar e por isso é móvel. O Ano Litúrgico está marcado pelos dois grandes ciclos da Páscoa e do Natal e pelas 33/34 semanas do Tempo Comum.

Ciclo Pascal

O Ano Litúrgico se estrutura em torno da Páscoa, que é comemorada em um ciclo, com quarenta dias de preparação, chamado *Quaresma*. É um tempo de jejum, oração e prática da caridade.

---

[2] *Normas universais do Ano Litúrgico*, n. 17.

O Tríduo Pascal resplandece como o ápice de todo o Ano Litúrgico; os três dias são considerados como único mistério, segundo a expressão de Santo Agostinho: *santíssimo tríduo do Crucificado, Sepultado e Ressuscitado*; e se prolonga por cinquenta dias como um dia de Páscoa, como extensão daquele domingo que nunca deverá acabar. A Igreja celebra esse mistério com sua máxima solenidade. É a Páscoa anual, centro do Ano Litúrgico.

O Tríduo Pascal se inicia com a celebração da Ceia do Senhor (pôr-do-sol da Quinta-Feira Santa) e se conclui com a celebração eucarística do Domingo da Ressurreição do Senhor. O Domingo de Pentecostes encerra esse tempo de alegria, de comemoração da ação do Ressuscitado na Igreja.

A liturgia distingue cada tempo próprio com alguns elementos que caracterizam seu sentido. A Quaresma, como tempo de conversão, está marcada pela sobriedade e austeridade. Usam-se paramentos *roxos*. Não se canta o Aleluia e o Glória. Não se usam flores para ornamentar o presbitério. Normalmente, a comunidade celebra mais intensamente a Penitência.

O Tempo Pascal se caracteriza pela alegria. A liturgia canta o Aleluia e o Glória; acende-se o Círio Pascal; usa-se a cor *branca* ou *dourada*; e os textos bíblicos falam das peripécias dos apóstolos para iniciar a Igreja e das aparições do Ressuscitado.

Ciclo do Natal

Comemora o nascimento do Senhor e suas primeiras manifestações. Esse tempo de preparação e expectativa é chamado de Advento (chegada), formado por quatro semanas. As duas primeiras recordam a segunda vinda de Cristo em sua grandeza e majestade, e as duas mais próximas do Natal, a sua primeira vinda na fragilidade da carne humana, do menino envolto em panos.

O Tempo do Natal se estende da comemoração da Vigília do Natal até a comemoração do Batismo do Senhor. Nesse período celebra-se a Santa Mãe de Deus e a Epifania (revelação) do Senhor.

No Advento, por ser tempo de expectativa, usa-se o *roxo* (preferencialmente mais claro). Prepara-se a chegada do Senhor por meio de sua mãe, Maria, João Batista e os profetas. Com essa finalidade, algumas comunidades montam a coroa com as quatro velas do Advento.

No tempo do Natal, nas comemorações do Senhor, da Virgem e dos santos não mártires, usa-se a cor *branca*.

Tempo Comum

Nas 33 ou 34 semanas do Tempo Comum não se celebra nenhum aspecto especial do mistério do Cristo. Comemora-se nelas o próprio mistério de Cristo em sua plenitude, principalmente aos domingos, considerados como Páscoa semanal.

A Igreja, ao longo do ano, celebra os mistérios da vida de Jesus e da Virgem Maria, a qual viveu a vontade do Pai como fiel discípula de seu Filho. Celebra também o mistério da graça que os santos encarnaram e nos dão o grande exemplo de serem testemunhas do Evangelho.

Para o Tempo Comum a cor usada é o *verde*. Nas comemorações dos mártires e do Espírito Santo, o *vermelho*.

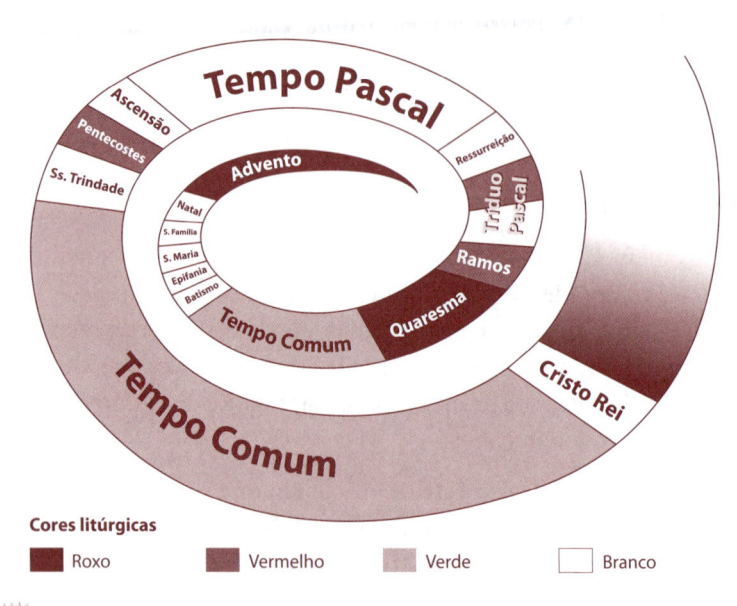

Cores litúrgicas

■ Roxo ■ Vermelho ■ Verde □ Branco

O memorial pascal

Muitas vezes fomos acostumados a olhar as celebrações da Igreja e admirar somente sua expressão externa (se os cantos estavam bons, como o pessoal se vestia ou se comportava...). Mas precisamos antes prestar atenção ao espírito em que todas essas coisas se realizam e, principalmente, ao centro a que elas nos conduzem. A Palavra que revela os desígnios salvíficos de Deus, os sinais (palavra, luz, vinho, óleo, pão), os gestos (soprar, ficar de pé, sentar, ajoelhar, impor as mãos) e as orações querem nos levar a participar da Páscoa de Cristo. A liturgia e os sacramentos tornam presente a graça do Deus invisível. Partimos do que vemos para alcançarmos o que não vemos. Segundo São Leão Magno, o que era visível em nosso Salvador passou para os sacramentos da Igreja.

Deus transcende o invisível e age concretamente na história em favor da salvação da humanidade através de sinais visíveis: acontecimentos que se perpetuam, em seu conteúdo salvífico, em ritos memoriais, como a travessia do Mar Vermelho ou a Ressurreição de Jesus. Esses eventos são denominados mistérios, pois são decorrentes do próprio mistério que é Cristo. Eles têm por função aperfeiçoar e completar a revelação, confirmando-a pelo testemunho divino.[1]

Para Cristo converge o plano da salvação. Ele é o sinal da presença de Deus, o Mediador e o Mistério revelador do eterno plano de amor de Deus para a humanidade. Cristo se fez homem para nos salvar; por isso, ele é o sacramento do Pai, a expressão visível do invisível. A liturgia continua no tempo a ação de Cristo; é o exercício do sacerdócio de Cristo na Igreja. A ação salvadora que brota de seu lado aberto na cruz continua viva e eficaz na Igreja. O Mistério Pascal de Cristo (sua Paixão, Morte, Ressurreição e Ascensão) é o ponto culminante de toda a vida e obra de Jesus. A Páscoa é realmente o centro de toda a história da salvação. Desde que Jesus se tornou um de nós pela encarnação, ele nos uniu a si pelo dom do Espírito Santo, que é o fruto da sua Páscoa; somos um com ele e ele conosco, como membros de seu corpo místico, como filhos e filhas do Pai do céu.

---

[1] Cf. ALDAZÁBAL, José. *A mesa da Palavra I*; elenco das leituras da Missa; comentários. São Paulo, Paulinas, 2007. pp. 119-120.

Todos os sacramentos procedem da Páscoa. Desde o dia do Batismo, em que fomos submergidos em Cristo, até a hora da morte, a última Páscoa do cristão, participamos de sua Páscoa: doando a vida, servindo e amando o próximo como ele o fez, a ponto de morrer na cruz. Todo o caminho é uma vivência progressiva da Páscoa de Cristo comunicada a cada um de nós. Dessa forma, a liturgia, o Ano Litúrgico e todos os sacramentos têm a tarefa comum de produzir a configuração da pessoa na Páscoa de Cristo.

Em nossa história presente, o próprio Cristo Ressuscitado, vivo e vivificador, segue atuando em nós. Cristo glorificado "age agora por meio dos sacramentos instituídos por ele para comunicar a sua graça".[2] Todos os outros acontecimentos da história acontecem uma vez e depois passam, são engolidos pelo passado. Já o Mistério Pascal de Cristo não pode permanecer somente no passado, mas participa da eternidade divina, abraça todos os tempos e se mantém permanentemente presente.[3] Os sacramentos são eficazes porque quem atua neles é o próprio Cristo.

O Espírito, doador da vida

Mas tudo isso só é possível pelo Espírito. "O Espírito cura e transforma os que o recebem conformando-os com o Filho de Deus."[4] O principal animador da celebração é o Espírito, Senhor e doador da vida. Ele é quem vivifica a palavra proclamada e nossa oração. Ele é o espaço em que recebemos a graça pascal de Cristo; é ele portanto que torna eficazes a liturgia e os sacramentos.

O Espírito atualiza, por seu poder transformador, o mistério de Cristo. Por isso, invocamos sua presença durante as celebrações. Ele, como o fogo, transforma em vida divina tudo o que se submete a seu poder: habita nas celebrações, nos sacramentos, enchendo-os de graça e fazendo deles acontecimentos salvíficos.

---

[2] *Catecismo da Igreja Católica*, n. 1.084.
[3] Cf. ibid., n. 1.085.
[4] Ibid., n. 1.129.

O Espírito fortalece os apóstolos e os discípulos. Assim, a Igreja, liderada pelos apóstolos e formada por todos os que aderem com fé a Cristo Ressuscitado, continuou no mundo seus gestos salvadores. A exemplo e em nome de Jesus Cristo, a Igreja acolhe e abençoa as crianças, perdoa os pecadores, cura os enfermos, batiza as pessoas, sacia os famintos e assiste os noivos. Isso só é possível porque quem atua no tempo da Igreja é o Espírito do próprio Cristo.

A Páscoa acontece na vida do povo

O documento da CNBB *Animação da vida litúrgica* é incisivo e insistente em ressaltar o Mistério Pascal de Cristo celebrado na vida dos cristãos.[5] "Celebrar o mistério de Cristo é celebrar Cristo em nossa vida e nossa vida em Cristo. À luz do Mistério Pascal, a caminhada do continente latino-americano, marcado pelo mal e em busca de uma libertação integral, deve ser interpretada como processo pascal".[6]

A vida de cada um, a vida da Igreja, a caminhada do continente latino-americano são vividos e entendidos como processo pascal, caminhada pascal, vida pascal no Espírito Santo. Nossa Páscoa é fruto da Páscoa de Cristo. Nela Deus interveio definitivamente na história, derrotando as forças da morte e libertando-nos com seu Filho, que se fez um de nós, solidário nas alegrias e nas tristezas. O Espírito de Cristo impulsiona-nos a continuar sua missão até que todas as dimensões da vida humana estejam impregnadas da realidade do Reino.

A Páscoa acontece hoje, quando participamos da Paixão de Cristo, por nosso serviço e nosso amor, pelo oferecimento de nossa vida, de nossos sofrimentos, pelo compromisso de servir aos irmãos na construção do Reino. "A ação litúrgica é memorial [...] tem a força de tornar presentes as realidades futuras, levando os que a celebram a se inserirem no projeto

---

[5] Cf. n. 48: "Esse mistério (pascal) envolve toda a vida de Cristo e a vida de todos os cristãos"; 49-50: "[...] acolhemos com alegria o atual anseio de, nas ações litúrgicas, celebrar os acontecimentos da vida inseridos no Mistério Pascal de Cristo". Essa idéia está igualmente presente no documento *Catequese renovada*; orientações e conteúdo. São Paulo, Paulinas, 1984. n. 224. (Documentos da CNBB, n. 26).

[6] CNBB. *Animação da vida litúrgica no Brasil*. São Paulo, Paulinas, 1989. n. 205.

de Deus. Como torrente de graças transbordando na história, o memorial celebra também, em Cristo, os acontecimentos da vida do Povo de Deus. Os milhares de homens e mulheres, individual ou comunitariamente, sob a ação do Espírito Santo, encheram de vida, sentido e luz a sua história, revivendo nela o Mistério Pascal de Jesus Cristo."[7]

O memorial pascal, celebrado em toda ação litúrgica, torna possível reviver a graça dos acontecimentos da história da salvação, leva a comunidade cristã a interpretá-los no tempo atual e aplicá-los ao "hoje" existencial do cristão, que receberá o dom na celebração, e o exprimirá em sua vida segundo os limites próprios da época e sociedade que lhe cabe viver, para que sua resposta seja sempre mais evangélica e comprometida com os valores do Reino. A renovação do Mistério Pascal possibilita que esses fatos salvíficos sejam interpretados como eventos de graça no contexto vital de quem os celebra. Mais do que nunca, a eficácia do "hoje" litúrgico comunica o dom, dinamiza a caridade e suscita a resposta evangélica no "hoje" de nossa história.

Assim, vemos unidas as três dimensões: o anúncio, a celebração e a vivência do mistério, que resultam no seguimento de Jesus, na celebração profética e antecipadora das realidades do Reino e no amor aos irmãos com a defesa de sua dignidade. "A liturgia (é libertadora) [...] por se constituir como lugar no qual as discriminações não têm vez. A comunidade que celebra, acolhe e se põe em comunhão com os sofredores, na escuta do Senhor e na celebração da Páscoa do Cristo, profetizando um mundo novo e um jeito novo de vivermos nele."[8]

O dom de Deus vai ao encontro de uma humanidade que luta para sobreviver, para viver melhor, para salvar sua vida da opressão, da dominação e da morte. Tal luta procede do Espírito. Assim, as lutas pela transformação da sociedade passam a significar solidariedade, exercício da caridade pela justiça, compromisso social, que redundam benefícios para populações inteiras, e reproduzem o tipo da libertação do Egito.

---

[7] Cf. ibid., n. 65.
[8] Souza, M. B. *Celebrar o Deus da vida*; tradição litúrgica e inculturação. São Paulo, Loyola, 1992. p. 87.

Vivência

Celebramos na liturgia nossa vida transcorrida no dia-a-dia à luz do Mistério da Páscoa de Cristo. Quando nos reunimos em assembleia, nos colocamos em união com a Trindade e oferecemos todo o nosso ser, toda a nossa vida. Por isso dizemos que a liturgia é o *cume* de nossa vida. Ao mesmo tempo, ali recebemos a força e a graça do Espírito Santo, para realizarmos nossos atos futuros na santidade que brota daquela oração. A liturgia é *fonte* de graça e de santidade, pois o culto começa na celebração e se estende e adquire plena verdade ao se encarnar em todas as nossas ações na vida. Assim, acontece o culto em espírito e verdade, como queria Jesus (cf. Jo 4,23).

O testemunho de Lucas Vezzaro

Recordamos com admiração o gesto do adolescente Lucas Vezzaro, que aos 14 anos consumou plenamente o dom de si após salvar três colegas do ônibus escolar que caiu numa represa no dia 17 de setembro de 2004, em Erechim (RS). Bom nadador, começou a ajudar os colegas, em vez de procurar a segurança da margem do lago. Primeiro, agarrou sua prima Daiane e a arrastou para a beirada na represa; depois Márcia, em seguida Angélica; na quarta vez já não voltaria mais.

Recorda a mãe: "Lucas era um menino que nunca conseguiu ver alguém em dificuldade sem oferecer ajuda". Era filho único. Após o almoço, lavava a louça, passava aspirador de pó na casa, varria o quintal, cuidava da horta e fazia a lição de casa. Mesmo com tantos afazeres, ainda achava tempo para o futebol com os amigos.[9]

Viveu, como Jesus, a máxima oferta eucarística: Ninguém tem maior amor do que aquele que dá a vida pelos seus amigos (Jo 15,13).

---

[9] Cf. SCHELP, Diogo. O pequeno grande herói. *Revista Veja*, 29 de setembro de 2004.

Os sacramentos pascais

O *Ritual de Iniciação Cristã de Adultos*, publicado em 1972, traz a maneira como os catecúmenos (não-batizados) adultos eram batizados até por volta do século V. Depois de um longo processo de preparação em etapas de quase dois anos, chamado catecumenato, eles recebiam os três sacramentos de iniciação (Batismo, Confirmação e Eucaristia) na noite do Sábado Santo. Por que as coisas se davam desta maneira?

Porque a sociedade era em sua maioria pagã, e aqueles que desejavam ser cristãos tinham que experienciar bem a fé na oração, na vida comunitária, na leitura da Bíblia e na conversão dos costumes. Todo o processo convergia para a Páscoa. De fato, o mistério da Morte e Ressurreição do Senhor conferia sentido a todo o caminho de fé.

A Vigília Pascal é a ocasião mais apropriada para celebrar os sacramentos da iniciação, porque nessa noite a Igreja comemora, com sua máxima solenidade, a Páscoa do Senhor. E, por meio dos três sacramentos, os catecúmenos são identificados ou enxertados na Páscoa de Cristo. A comunidade, por sua vez, diante dos neobatizados, recorda sua iniciação e renova seus compromissos batismais.

O Mistério Pascal atrai e incorpora todos aqueles que querem ser suas testemunhas. As festas pascais levam a participar do memorial salvador da Morte e Ressurreição de Cristo, por meio do dom do Espírito do Ressuscitado e da oferenda de nossa vida ao Pai, unida ao sacrifício de Cristo. Os três sacramentos, concebidos também como um só, são aqueles que operam, realizam a iniciação, isto é, com a fé introduzem os eleitos na nova realidade cristã, após percorrer um caminho de fé.

Diz o *Ritual de Iniciação Cristã de Adultos*, n. 31, que os batizandos, após terem professado com viva fé o Mistério Pascal de Cristo, recebem esse mistério expresso pelo banho n'água; tendo confessado a Santíssima Trindade, é a própria Trindade, invocada pelo celebrante, que opera, incluindo esses eleitos como filhos adotivos e agregando-os ao povo de Deus.

Iniciação pascal

Quando crianças, recebemos o sacramento do Batismo, que nos levou desde cedo a participar da Morte e Ressurreição de Cristo e nos deu sua vida divina. Pelo Batismo, nossa vida se transformou, Cristo nos converteu e nos reconciliou com o Pai e entre nós. O velho homem foi crucificado com ele, para que fosse destruído o corpo de pecado e, ressuscitados com ele, passássemos a viver para Deus de modo novo. A Ressurreição, que começa desde já, terá sua perfeição no Reino dos Céus.

Batismo

O Batismo, porta da vida espiritual, propicia a primeira participação na Morte e Ressurreição de Cristo, marca o começo do caminho, constitui o momento inicial de identificação com Cristo em seu Mistério Pascal, no qual o batizado é transformado radicalmente.

O Batismo, fundamento de toda a vida cristã e porta da vida no Espírito, nos abre o acesso aos demais sacramentos. No Batismo:

- renascemos como filhos de Deus,
- tornamo-nos membros de Cristo,
- somos incorporados à Igreja
- e feitos participantes de sua missão.[1]

O cristão é mergulhado na imensidão do amor de Cristo para servir e amar pela vida afora: "Tornamo-nos uma coisa só com ele por uma morte semelhante à sua" (Rm 6,5). Formamos o seu Corpo, a Igreja, da qual ele é a cabeça. Pelo Batismo assumimos a mesma missão de Cristo, porque nos tornamos seus discípulos e nele fomos incorporados.

A liturgia do ciclo pascal nos faz confrontar nossa vida com a vida de Cristo. Mostra-nos a cruz como sinal de contradição, fruto da vaidade, da soberba, ou seja, do pecado do mundo. Cristo foi condenado porque amou até o fim (cf. Jo 13,1), defendeu o pobre, o órfão e a viúva; inaugurou o Reino de justiça, de solidariedade, sem exclusão.

---

[1] Cf. *Catecismo da Igreja Católica*, n. 1.213.

Somos convocados a viver sua Páscoa em nós e, assim, amar servindo, como ele o fez no lava-pés. O cristão traz no próprio corpo as marcas da morte de Cristo (cf. Gl 2,19-20; 6,17; 2Cor 4,10-12), isto é, assume a mesma dinâmica que levou Cristo da morte à vitória sobre o tentador deste mundo.

Esse exercício de vencer o pecado, o mal, o egoísmo, é proposto como missão ou projeto de vida para aquele que foi associado a seu corpo. Todos os membros devem assemelhar-se a ele, até que Cristo neles se forme (cf. Gl 4,19). Por isso, revivemos os mistérios de sua vida, assemelhando-nos a ele, morrendo com ele e ressuscitando, até chegarmos a reinar com ele (cf. Fl 3,21; 2Tm 2,11; Ef 2,6; Cl 2,12). A cruz de Jesus é sinal de doação e serviço. Ela é consequência da fidelidade ao projeto salvífico de Deus. Todo cristão torna-se um sinal de contradição ao assumir os valores do Reino em contraposição aos valores do mundo.

O Pai nos concede todos os dons no Batismo, nos aceita como filhos, porque recebemos o Espírito da Ressurreição, e perdoa nossos pecados. Porém, *permanece em nós a liberdade de aceitar ou de contrariar o plano do Pai e optar pelo mal. Por isso, a vida cristã é o espaço de tempo que temos para nos assemelhar a Cristo com nossos atos e maneira de ser.* A vida cristã é tida como o tempo do desafio, da encarnação no dia-a-dia da morte de Cristo para merecermos a vitória de sua Ressurreição, para corresponder com retidão de vida ao dom que o Pai lhe deu. Viver esse amor-doação é a identidade do cristão.

Assim, desde seu Batismo, o cristão aprende que viver em Cristo é amar sem limites, é doar-se a si mesmo em favor dos outros. Mesmo que isso resulte em sofrimentos, incompreensões e até perseguição, como aconteceu com Cristo. Nessa óptica, amar, pensar, viver e sofrer como Jesus torna-se a fonte de onde emana o testemunho na missão, na qual se assumem conscientemente os desafios de ser cristão.

Confirmação

A Confirmação, aperfeiçoamento e prolongamento do Batismo, faz os batizados avançarem no caminho da iniciação cristã, pelo dom do Espírito que capacita o indivíduo a viver as exigências do caminho pascal, rememorado no sacrifício da Eucaristia. A assinalação da cruz feita na entrada do catecumenato ou como rito introdutório na celebração do Batismo de criança chega à sua plenitude com a assinalação da cruz com o óleo do crisma: "Recebe por este sinal o Espírito Santo, dom de Deus". Esse sinal associa o jovem ao mistério da cruz de Cristo, para que pela força do Espírito Santo vença os sofrimentos e seja sempre fiel.

O sacramento da Confirmação aperfeiçoa a graça batismal. Acontece uma nova efusão do Espírito, na qual o crismando participa da dimensão pentecostal do mistério da Páscoa. A Confirmação enriquece a graça do Batismo, pois somos enriquecidos pela força especial do Espírito Santo que nos torna testemunhas *mais*:

- eloquentes de Cristo,
- firmes e fortes na fé,
- comprometidas e unidas à Igreja de Cristo.[2]

Eucaristia

Na Eucaristia participamos da Ceia do Senhor. Tomamos parte do próprio Corpo de Jesus, nos unimos a ele através da comunhão. Unimo-nos a nossos irmãos e irmãs que partilham do mesmo Pão da Vida, formando a Igreja de Cristo, a qual é seu corpo. Somos transformados naquilo que recebemos.

Finalidade da iniciação

Esses três sacramentos realizam em nós a vida em Cristo. Renascidos, no Batismo, participamos da tríplice missão de Cristo: ser profeta, sacerdote e rei. Cristo eternamente se oferece ao Pai pela humanidade; como somos membros de seu corpo, participamos da dinâmica pascal e aprendemos a oferecer, com ele, nossa própria vida. O Espírito recebido na Crisma nos capacita para entregarmos, com valentia, nossa vida como serviço de amor. Em cada Eucaristia, fazemos memória do sacrifício de

---

[2] Cf. ibid., n. 1.285.

Cristo e queremos que nossa vida seja um sacrifício de louvor: "Fazei de nós uma perfeita oferenda".[3]

Assim, vivemos sua Paixão pelos sofrimentos, limitações humanas e prática do bem, para um dia merecermos ressuscitar com ele, pois na Eucaristia somos nutridos com o alimento da vida eterna.

Os três sacramentos estão unidos de forma que, através deles, chegamos à perfeita participação na vida e na missão de Jesus: "De tal modo se completam os três sacramentos da iniciação cristã, que proporcionam aos fiéis atingirem a plenitude de sua estatura no exercício de sua missão de povo cristão no mundo e na Igreja".[4] Isso significa alcançar a maturidade em Cristo (cf. Ef 4,13).

"Ser cristão significa conhecer a pessoa de Jesus Cristo, fazer opção por ele, unir-se a tantos outros que também o encontraram e, juntos, trabalhar pelo Reino e por uma nova sociedade."[5] É fundamental que o cristão adquira uma personalidade segundo o Evangelho e tenha atitudes coerentes com a vida nova que experienciou nos sacramentos e na Palavra de Deus.

A iniciação marca os fundamentos de toda a vida como seguimento de Cristo; equivale a um projeto de vida e a um modo de ver e se posicionar no mundo, segundo o projeto de Jesus Cristo. O iniciado na fé assumirá os valores evangélicos com convicção e manifestará sua adesão pessoal testemunhando que vale a pena ser cristão na sociedade de hoje.

Por isso, "o cristão se identifica com aquele que é o 'bom samaritano', que socorre [...] toda vítima inocente do mal do mundo, sem se perguntar sobre a raça ou a religião dele. Ele cura inúmeras pessoas [...], traz uma palavra de esperança aos pobres e reparte o pão com eles [...], acolhe e perdoa os pecadores. Ele é misericordioso. Estende a mão para levantar o caído, acolhe com abraço o que volta arrependido e vai

---

[3] *Missal Romano*, Oração Eucarística III.
[4] *Ritual da iniciação cristã de adultos*, n. 2.
[5] CNBB. *Evangelização da juventude*; desafios e perspectivas pastorais. São Paulo, Paulinas, 2007. n. 52. (Documentos da CNBB, n. 85).

ao encontro do afastado. Devolve o ser humano às suas tarefas, às suas responsabilidades e à sua dignidade".[6]

"O discípulo é alguém chamado por Jesus Cristo para com ele conviver, participar de sua vida, unir-se à sua pessoa e aderir à sua missão, colaborando com ela. Entrega, assim, sua liberdade a Jesus, Caminho, Verdade e Vida; assume o 'estilo de vida do próprio Jesus', a saber, um amor incondicional, solidário, acolhedor até a doação da própria vida; e compartilha do destino do Mestre de Nazaré [...]; colabora no anúncio e na realização do Reino de Deus na história humana".[7]

Vivência

Há muitas maneiras de participarmos de uma preparação para a Semana Santa, e mais ainda de seus últimos três dias, em que comemoramos a Paixão, Morte e Ressurreição do Senhor. Nosso sentimento de piedade, unido ao do grande povo que acorre às celebrações nesses dias, nos leva a um clima de fervor, compaixão com os sofrimentos de Cristo e ao mesmo tempo de esperança, de vitória e de alegria, pois nasce em nós uma profunda confiança na força da vida, mesmo diante de toda violência e tirania que possam desabar sobre ela.

Não podemos aproximar-nos do mistério da Páscoa unicamente com o espírito de compaixão, olhando para o Crucificado, como se toda a celebração dissesse respeito somente a ele. Não podemos ficar do outro lado, olhando e contemplando. Quando a liturgia diz que devemos participar dos mistérios da vida de Cristo, está afirmando que tudo o que acontece com Cristo repercute em nós, diz respeito ao destino de nossa existência nesse mundo. Até hoje, é difícil compreendermos por que Jesus morreu na cruz. E mais difícil ainda saber que todos nós devemos viver, na própria carne, a Páscoa de Cristo.

Se o Mistério Pascal não levar nossa vida a se transformar naquilo que celebramos, nada adianta acompanhar os passos do Senhor.

---

[6] Ibid., n. 85.
[7] Ibid., n. 57.

Fazer a experiência da Páscoa do Senhor nesses três dias significa algo mais que ter sentimentos de piedade. É fazer a experiência da dor do mundo dilacerado pelo pecado exposto em suas feridas: o descaso e a corrupção das autoridades que se enriquecem e legislam em seu próprio benefício; as hordas de crianças e sofredores de rua revirando as lixeiras das grandes cidades; o crime organizado fazendo vítimas a todo momento; o planeta devorado pelo desperdício do consumo; o jogo dos mercados que faz o dinheiro sumir e crescer a seu bel-prazer...

A dor do mundo tem a ver com nosso crescimento pessoal e nossa conversão, para que nos transformemos em criaturas novas, vivendo a novidade do Reino. Sem medo de acolher o segredo da vida que Jesus nos revelou: "Quem quiser salvar a sua vida vai perdê-la; mas quem perder a sua vida por causa de mim e do Evangelho vai salvá-la" (Mc 8,35), do mesmo jeito que "o Filho do Homem veio não para ser servido, mas para servir e dar sua vida em resgate por muitos" (Mt 20,28). Isso significa que a aceitação decisiva dos valores do Reino, como as bem-aventuranças, e a doação da vida são pontos fortes de nossa vivência cristã. Assim, a solidariedade, característica da vida dos santos, também dará sentido à nossa vida neste mundo.

Mais que tudo, celebrar o Tríduo Pascal é comungar o mistério do amor-doação de Jesus no sacramento de seu corpo e de seu sangue, para que sejamos parceiros de vida e de morte, isto é, associar-se a seu sacrifício e constituir com ele um único corpo.

Seria bem mais fácil somente nos compadecer das dores de Cristo e diante dele expor nosso sofrimento. A liturgia nos leva mais longe, nos faz cumprir o que São Paulo diz: "Completo, na minha carne, o que falta às tribulações de Cristo em favor do seu corpo, que é a Igreja" (Cl 1,24). "Todos os membros devem assemelhar-se a ele, até que Cristo neles se forme (cf. Gl 4,19). Por isso, revivemos os mistérios de sua vida, assemelhando-nos a ele, morrendo com ele e ressuscitando, até chegarmos a reinar com ele (cf. Fl 3,21; 2Tm 2,11; Ef 2,6; Cl 2,12 etc.). Sendo ainda peregrinos na terra, seguimos suas pegadas na tribulação e na perseguição, associamo-nos a seus sofrimentos como o corpo à cabeça, participando da Paixão para participar também de sua glorificação (cf. Rm 8,17)."[8]

A iniciação cristã nos tornou participantes conscientes do Mistério Pascal e da comunidade eclesial, a fim de que vivamos a dinâmica da união com Cristo, buscando assemelhar-nos a ele e levar uma experiência de fé ligada à vida, num processo contínuo de conversão.

A configuração com Cristo, tida como transformação interior e para sempre, ocorrida no dia do Batismo, deve ir consolidando-se e aprofundando-se mediante a participação na vida sacramental da Igreja. A intenção é que o batizado viva a Páscoa de Cristo cada vez mais real e plenamente. O Batismo, enquanto vida nova em Cristo, nos faz participantes da salvação em Cristo. Essa vida nova nos faz romper com o pecado e viver de acordo com Cristo, no seguimento e no testemunho do Reino.

Completar a iniciação

Muitos que participam de vez em quando de nossas assembleias ou pedem o Batismo para os filhos deixaram de lado a vida de fé e ainda não receberam os sacramentos da Confirmação ou da Eucaristia. São profissionais capacitados, adquiriram maturidade nas relações afetivas e pessoais, porém a consciência de fé cristã ainda permanece na infantilidade, sem alcançar o Deus libertador anunciado por Jesus Cristo. Há que convidar os pais ou responsáveis que não concluíram o caminho da iniciação, isto é, não receberam a Confirmação e/ou a Eucaristia, para que busquem em sua paróquia o catecumenato pós-batismal de adultos, a fim de formar um grupo específico.[9] É muito louvável que eles sejam os

---

[8] Concílio Vaticano II, *Constituição dogmática Lumen Gentium sobre a Igreja*, n. 7.

[9] Para essa finalidade, recomendamos: Brustolin, Leomar Antônio & Lelo, Antonio Francisco. *Caminho de fé*; itinerário de preparação para o Batismo de adultos e para a Confirmação e Eucaristia de adultos batizados. São Paulo, Paulinas, 2006; Blankendaal, Antonio Francisco. *Seguir o Mestre*; Batismo e/ou Confirmação e Eucaristia de adultos. São Paulo, Paulinas, 2007 (2 volumes).

▶ primeiros a valorizar o sacramento que pedem para a criança. "A paróquia precisa ser o lugar onde se assegure a iniciação cristã, e terá como tarefas irrenunciáveis: iniciar na vida cristã os adultos batizados e não suficientemente evangelizados; educar na fé as crianças batizadas em um processo que as leve a completar sua iniciação cristã; iniciar os não-batizados que, havendo escutado o querigma, querem abraçar a fé."[10]

---

[10] *Documento de Aparecida*, n. 293.

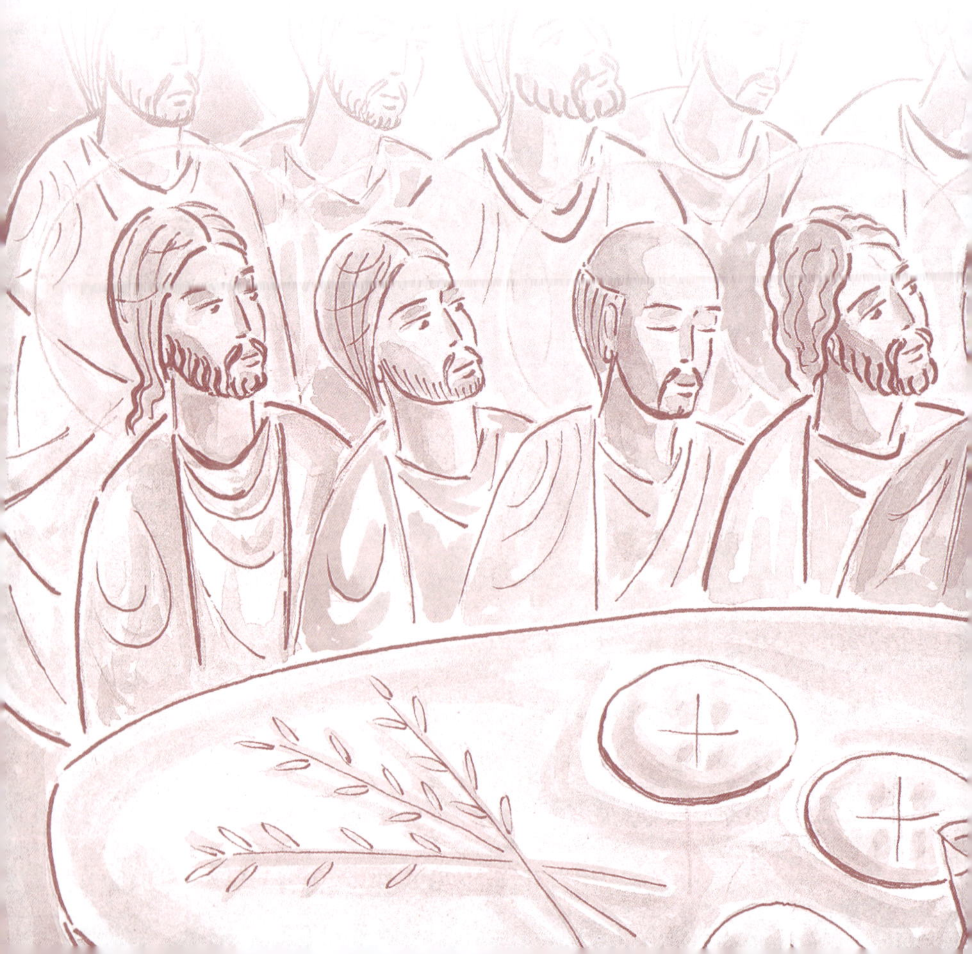

Quinta-Feira Santa
Ceia do Senhor

É considerada véspera da Sexta-Feira Santa, na qual se celebra a Missa da Ceia do Senhor e se recorda:

- o banquete que precedeu o êxodo — a primeira Páscoa;
- a instituição da Eucaristia como memorial do sacrifício de Cristo na cruz (a Páscoa cristã);
- o exemplo de Cristo ao lavar os pés dos discípulos (mandamento do Senhor sobre a caridade fraterna).

O êxodo

A Páscoa é comemorada como festa de primavera. Lembremo-nos que no hemisfério norte as estações do ano acontecem ao contrário das nossas. Quando lá é primavera, para nós é outono. No Oriente, os judeus se alegravam com a chegada da primavera, pois brotavam os trigais e os primeiros cachos de uva, e nasciam as primeiras ovelhas do rebanho, e por isso se ofereciam a Deus o pão e o cordeiro imolado.

No tempo de Moisés, ainda quando os hebreus estavam no Egito, a primeira Páscoa ganha sentido a partir da experiência do "êxodo", uma palavra que significa "saída" e se refere à libertação da escravidão egípcia em busca da liberdade:

- a opressão que sofriam do Faraó e os trabalhos pesados a que eram forçados (cf. Ex 1,11-22);
- Deus que suscitou Moisés para libertá-los (cf. Ex 3,15-22);
- como Moisés insistiu com o Faraó para que deixasse o povo partir do Egito para prestar um culto em liberdade (cf. Ex 7–11);
- naquela noite memorável, os hebreus comeram o pão sem fermento e marcaram as portas com o sangue do cordeiro imolado, que os protegeu do anjo irado e poupou da morte os primogênitos hebreus (cf. Ex 12).

No êxodo, Deus vem ao encontro da escravidão de seu povo para libertá-lo; essa ação divina acontece na história, isto é, em um tempo e espaço geográfico determinados. Esse acontecimento inaugura e fundamenta a religião do Primeiro Testamento. O êxodo é a Páscoa propriamente dita, e a Páscoa é também o êxodo.

"Essa mesma noite do Senhor deve ser observada por todos os israelitas, por todas as gerações" (Ex 12,42). "Toda a comunidade de Israel celebrará a Páscoa" (Ex 12,47). Isso é um memorial.

O sacramento da entrega de Jesus

Durante a Páscoa daquele ano, Jesus celebra a sua Páscoa como um acontecimento histórico que comunica a ação salvadora e libertadora de Deus. Trata-se de uma ceia de despedida, pois são iminentes a traição e a entrega do Senhor no jardim do Getsêmani. Nesse momento decisivo, caberá ao discípulo optar por permanecer ou não com Cristo e abraçar a sua cruz.

Jesus celebrará essa Páscoa e lhe dará um sentido próprio a partir de sua morte na cruz. Sua morte é Páscoa: mostra a intervenção do Pai que salva a humanidade pelo amor de seu Filho, amor este levado às últimas consequências. "Deus amou tanto o mundo, que deu o seu Filho único, para que todo o que nele crer não pereça, mas tenha a vida eterna" (Jo 3,16). Jesus, o Filho de Deus encarnado, entende sua vida e sua missão como serviço de amor à humanidade. Ele se doa inteiramente. "Antes da festa da Páscoa, sabendo Jesus que chegara a sua hora de passar deste mundo para o Pai, tendo amado os seus que estavam no mundo, amou-os até o fim" (Jo 13,1).

O cumprimento dessa missão custou-lhe a vida. Jesus não hesitou em defender os oprimidos. Condenou o poder e a riqueza construídos à custa da opressão, assim como as desigualdades sociais, as discriminações, as leis injustas que favoreciam apenas uma pequena parcela da sociedade. Não aceitou a hipocrisia e o uso da religião em proveito próprio. Anunciou o Reino de justiça, amor e paz, pois todos são iguais perante Deus e com os mesmos deveres e direitos. Essa maneira de agir acabou levando-o a ser condenado.

Às vésperas de ser entregue e condenado à morte, Jesus celebrou a Páscoa do Primeiro Testamento com um novo sentido, conforme relatam os evangelistas Mateus, Marcos e Lucas. Ele tomou o pão e o vinho celebrados na Páscoa e aplicou-os a si mesmo. Antecipadamente, ele celebrou, em forma de ceia pascal, o que iria acontecer no calvário no dia seguinte. Já o evangelista João identifica a morte de Jesus num tempo diferente, durante a preparação da ceia pascal, quando eram sacrificados os cordeiros para a celebração da Páscoa. Tal como o cordeiro sacrificado na Páscoa dos judeus, Jesus é o novo cordeiro, cujo sangue derramado nos redime e tira o pecado do mundo.

Ao celebrar pela última vez a Páscoa com seus apóstolos, Jesus institui o memorial de sua Páscoa (Paixão, Morte e Ressurreição).

A última ceia indica o momento no qual Jesus Cristo instituiu a Eucaristia como o sacramento por excelência que expressa e traduz o significado de sua entrega como cumprimento do projeto do Reino de Deus. Na última ceia há uma antecipação celebrativa, sacramental, do sacrifício de expiação do pecado que acontece na cruz. A Eucaristia tem um significado sacrificial; nela o sacrifício do Filho-Irmão acontecido na cruz permanece como memória viva no coração da comunidade.

A Eucaristia é o sacramento da entrega de Jesus na cruz. Sua entrega consciente àqueles que podiam matá-lo significou o enfrentamento do mal deste mundo pelo Filho de Deus. Jesus combate o mal pela raiz e ensina-nos que o amor deve ser levado às últimas consequências.

> "A Eucaristia é o memorial da Páscoa de Cristo, a atualização e a oferta sacramental de seu único sacrifício na liturgia da Igreja, que é o corpo dele. Em todas as orações eucarísticas encontramos, depois das palavras da instituição, uma oração chamada anamnese ou memorial. No sentido da Sagrada Escritura, o memorial não é somente a lembrança dos acontecimentos do passado, mas a proclamação das maravilhas que Deus realizou por todos os homens. A celebração litúrgica desses acontecimentos torna-os de certo modo presentes e atuais [...]. O memorial recebe um sentido novo no Segundo Testamento. Quando a Igreja celebra a Eucaristia, rememora a Páscoa de Cristo, e esta se torna

> presente: o sacrifício que Cristo ofereceu uma vez por todas na cruz torna-se sempre atual: 'Todas as vezes que se celebra no altar o sacrifício da cruz, pelo qual Cristo nessa Páscoa foi imolado, efetua-se a obra de nossa redenção'".[1]

Celebração litúrgica[2]

Uma sugestão que pode ser considerada pelos agentes é aquela, já realizada em algumas comunidades, de encenar o episódio de Lc 22,7-13, em que Jesus manda Pedro e João prepararem a ceia. Antes de iniciar a celebração, no fundo da igreja, o sacerdote dialoga com o apóstolo, conforme o texto indicado; algumas mulheres podem colocar a toalha no altar, uma bandeja com pão, uvas e trigo, castiçais; em seguida, a assembleia canta *Eu quis comer esta ceia agora...* e dá-se início à procissão de entrada.

> Ritos iniciais
>
> Liturgia da Palavra
>
> Lava-pés
>
> Liturgia Eucarística
>
> Transladação do Santíssimo Sacramento

[Na medida do possível, que se ressalte a relação da Eucaristia, sacramento da morte de Jesus na cruz, com o serviço aos irmãos, que se manifesta no lava-pés e se concretiza cada ano na Campanha da Fraternidade.]

[O ambiente da celebração deve ser realmente de uma refeição festiva. Onde for possível, dispor os bancos ou cadeiras em semicírculo ao redor da mesa do altar. Preparar o ambiente com toalhas brancas, muitas flores, doze velas, pão ázimo e vinho.]

---

[1] *Catecismo da Igreja Católica*, nn. 1.362-1.364.

[2] As indicações rituais são extraídas e, algumas, adaptadas do *Missal Romano*. Estão em corpo menor, entre colchetes, ao longo do texto.

[O tabernáculo esteja totalmente vazio. Para a comunhão do clero e do povo, hoje e amanhã, consagre-se na própria Missa a quantidade de pão suficiente.]

Ritos iniciais

Canto: Ter orgulho não é bom[3]

Ter orgulho não é bom, mas nem por isso
Nos orgulhamos na cruz de Jesus Cristo;
Nele está a vida e a Ressurreição;
Nele, a esperança de libertação!

Salmo 67/66

Deus se compadece e de nós se compraz
Em nós resplandece seu rosto de paz.

Pra que o povo encontre, Senhor, teu caminho.
E os povos descubram teu terno carinho.

Que todos os povos te louvem, Senhor!
Que todos os povos te cantem, Senhor!

Por tua justiça se alegram as nações,
Com ela governas da praia aos sertões.

Que todos os povos te louvem, Senhor!
Que todos os povos te cantem, Senhor!

O chão se abre em frutos, é Deus que abençoa!
E brotem dos cantos do mundo esta loa!

Ao Pai demos glória e ao Filho também.
Louvor ao Espírito Santo. Amém!

Estamos iniciando a celebração do Tríduo Pascal. Jesus se despede no contexto de uma ceia, a mais importante no calendário judaico. A solidariedade de Deus pela humanidade chega a seu ponto mais alto! Cristo, nosso cordeiro pascal, será imolado! Agora sim, a humanidade encontra-se livre das amarras da violência e encontra seu caminho de

---

[3] Este canto da faixa 1 do CD encartado corresponde à composição citada em: CNBB. *Hinário litúrgico*. Quaresma, Semana Santa, Páscoa, Pentecostes. São Paulo, Paulus, 1987. vol. 2, p. 35.

justiça e de paz. Deus amou tanto o mundo que enviou o seu Filho, e este, igualmente, nos ama até o fim. É uma ceia de despedida, de decisão daqueles que optam pelo Reino ou se decidem por outro caminho, como Judas o fez. O enigma da cruz começa a se erguer mais prontamente na vida de Jesus. Os discípulos se amedrontam. O único caminho para nos conduzir neste mistério é o do amor, que se traduz no serviço ao outro, na defesa do ser humano contra toda discriminação e na busca da liberdade.

[Diz-se o Glória. Durante o canto, tocam-se os sinos, que permanecerão depois silenciosos até a Vigília Pascal.]

Liturgia da Palavra

1ª leitura: Ex 12,1-8.11-14 — Primeira Páscoa.

A Páscoa dos judeus: jantar comemorativo da libertação do Egito. Eles comiam o cordeiro pascal, lembrando a mão forte do Senhor que os havia libertado.

Salmo 115 — O cálice por nós abençoado.

2ª leitura: 1Cor 11,23-26 — O que eu recebi vos transmiti.

Esta é a narrativa mais antiga da Eucaristia no Segundo Testamento. São Paulo escreve a uma comunidade que celebra mas não sabe partilhar. Por isso, come e bebe da própria condenação.

Evangelho: Jo 13,1-15 — Lava-pés.

A narrativa do lava-pés corresponde no Quarto Evangelho ao relato da instituição da Ceia. Jesus é o Servo Sofredor que vai se entregar por nós.

Homilia

Lava-pés

[As pessoas escolhidas são levadas pelos ministros aos bancos preparados em lugar conveniente. O sacerdote (retirando a casula, se necessário) aproxima-se de cada um, lavando-lhe os pés, auxiliado pelos ministros.]

Canto: **Jesus ergueu-se da ceia**[4]

Jesus ergueu-se da ceia, jarro e bacia tomou;
Lavou os pés dos discípulos, este exemplo deixou (cf. Jo 13,4.5.15).

Aos pés de Pedro inclinou-se:
Ó, Mestre, não, por quem és?
Não terás parte comigo, se não lavar os teus pés.
És o Senhor, és o mestre, os meus pés não lavarás!
O que agora faço não sabes, mas depois compreenderás (cf. Jo 13,6-8).

Se, vosso Mestre e Senhor
Os vossos pés quis lavar
Deveis uns para com os outros
O meu exemplo imitar (cf. Jo 13,14).

Eis que irão conhecer que sois
discípulos meus:

Se vos amais uns aos outros
Como eu próprio vos amei (cf. Jo 13,35).

Dou-vos novo mandamento,
Meu mandamento é lei:
Que vos ameis uns aos outros
Como eu próprio vos amei (cf. Jo 13,34).

Fé, esperança e caridade reinem neste viajar,
A maior é a caridade, porque nunca há de passar (cf. 1Cor 13,13).

Este gesto era muito presente na sociedade no tempo de Jesus, visto que se caminhava muito a pé, e o primeiro gesto de acolhida numa casa era oferecer água para lavar os pés. O inusitado é ver Jesus lavando os pés. Dessa forma, o gesto se reveste do valor da humildade, do serviço, do despojamento. Porque o comum era que um serviçal o realizasse.

"Se eu, o Senhor e Mestre, vos lavei os pés, também vós deveis lavar os pés uns aos outros. Dei-vos o exemplo, para que façais assim como eu fiz para vós" (Jo 13,14-15). Assim, o Reino de Cristo só pode ser

---

[4] Este canto corresponde à faixa 2 do CD encartado.

recebido e instaurado com o serviço de amor. E a entrega da sua vida na cruz será o cume desta entrega, da sua vida colocada a serviço da humanidade. Isto é Eucaristia.

Assim, os três elementos se orientam mutuamente: o sacrifício na cruz, o serviço e a humildade do lavar os pés, e do pão partido.

A beleza deste canto faz coincidir quase exatamente com as antífonas propostas pelo Missal Romano, além de reproduzir com fidelidade o texto bíblico do lava-pés.

Liturgia Eucarística

[Poder-se-á organizar uma procissão dos fiéis com donativos para os pobres.]

Canto: Hoje é festa[5]

Canto de comunhão.

Hoje é festa, diz o povo,
A Nação Santa de Deus.
Bate palmas, canta um hino:
Este pão do céu desceu.

Aquela noite tão linda, de amor estava cheia.
Era Quinta-Feira Santa, era a derradeira ceia!

E as coisas mais sublimes, então, ele revelou.
Tendo amado a nós aqui, até o fim ele amou.

E Jesus, partindo o pão, nesta ceia tão sagrada,
Se entregou como alimento o manjar da caminhada.

E depois, tomou o vinho, o entregou aos doze, então:
"É meu sangue derramado para a vossa redenção"!

Tudo que ele então cumpriu nesta ceia, sem igual,
Mandou que se repetisse, até a vinda final.

---

[5] Este canto da faixa 3 do CD encartado corresponde à composição citada em: CNBB, *Hinário litúrgico*, cit., vol. 2, p. 149.

Nas durezas desta vida, este pão é o sinal.
Dizendo: Cristo é a porta da viagem terminal.
Somos todos caminheiros,
Procurando eterno porto,
somos irmãos companheiros.
Cristo é nosso conforto!

Jesus celebra antecipadamente o seu sacrifício na cruz, deixa-nos o memorial de sua Paixão, Morte e Ressurreição nos sinais da ceia com o pão e o vinho. Ele interpreta sua morte como Páscoa, pois esta não era uma ceia comum, mas a comemoração anual da páscoa da libertação da escravidão no Egito, ocasião em que Deus interveio com mão forte e braço estendido. Igualmente, Jesus é a nossa Páscoa, alimento de nossa caminhada de libertação, na qual somos "irmãos companheiros, e Cristo é nosso conforto!" É uma ceia decisiva. Judas a renegou. Somos convidados a estar em comunhão de vida e de morte com Cristo. A sua hora chegou, e é a nossa hora de seguir Jesus, assumir o amor até o fim, mesmo que o medo do fracasso nos assalte.

O pão e o vinho partilhados serão os sacramentos da vida doada de Jesus como serviço de amor, de solidariedade para os seres humanos. Praticamos o Evangelho somente quando há entrega, doação de nossa parte. Por isso, existe correspondência entre celebrar a Eucaristia, doar a própria vida e servir a comunidade desinteressadamente. Eis aí a lição do lava-pés.

[Distribuída a comunhão, a reserva eucarística para o dia seguinte é deixada sobre o altar, e conclui-se a Missa com a oração depois da comunhão].

Transladação do Santíssimo Sacramento

[Terminada a oração, o sacerdote, de pé ante o altar, põe incenso no turíbulo e, ajoelhando-se, incensa três vezes o Santíssimo Sacramento. Recebendo o véu umeral, toma o cibório e o recobre com o véu.

Forma-se a procissão, precedida pelo cruciferário, com tochas e incenso, para conduzir o Santíssimo Sacramento pela igreja, até o local da reposição, preparado numa capela devidamente ornada. Durante a procissão, canta-se um canto eucarístico.

Quando a procissão chega ao local da reposição, o sacerdote deposita o cibório no tabernáculo. Colocado o incenso no turíbulo, ajoelha-se e incensa o Santíssimo Sacramento, enquanto se canta *Tão sublime sacramento*. Em seguida, fecha-se o tabernáculo.

Após alguns momentos de adoração silenciosa, o sacerdote e os ministros fazem genuflexão e voltam à sacristia.

Retiram-se as toalhas do altar e, se possível, as cruzes da igreja. Convém cobrir as que não possam ser retiradas.]

Testemunho de um bispo empreendedor

Dom Franco Dalla Valle nasceu na Itália no dia 2 de agosto de 1945. Ingressou na Congregação Salesiana em 1963. O jovem Franco ficou seduzido pelo estilo de trabalho dos salesianos com a juventude, mas queria trabalhar nas missões. Por isso, depois de ser ordenado padre em 26 de agosto de 1972, veio para o Brasil como missionário para a região Norte, com sede em Manaus. Padre jovem, apenas com vinte e seis anos, colocou-se a trabalhar com afinco nas casas da província. Depois de alguns anos, por causa dos estudos em pastoral juvenil, foi indicado para iniciar um seminário na cidade de Manaus, para formar os novos salesianos da região.

Como diretor do seminário, Pe. Franco foi corajoso e pioneiro. Junto com outros formadores criou um curso específico para os seminaristas, a fim de fortalecer mais ainda o conhecimento e a orientação vocacional; criou também um estilo de vida entre os seminaristas que favorecia a partilha dos bens, o contato com os familiares, a inserção no trabalho com a produção de imagens de gesso e pintura etc. Era muito alegre e ao mesmo tempo organizado, e sabia o que queria para os seminaristas. Fazia questão de conhecer nossos pais e fazia-lhes visita quando passava pelas cidades da região. Mantinha conosco uma relação sincera e cordial.

Duas coisas me chamaram a atenção em Pe. Franco desde a minha entrada no seminário, em 1979. A primeira era seu espírito apostólico. Nunca o vi triste e sem ideias para a missão. Era sempre ativo, ousado, cheio de iniciativas, e nos levava junto. Lembro que trabalhamos em um bairro periférico muito pobre da cidade de Manaus. Ali ele começou um movimento com os jovens e com a comunidade. Chegamos a ter quatro grandes oratórios[6] naquele

---

[6] Oratório: reunião de jovens e crianças com fins recreativos, religiosos e de aprendizado profissional, com a presença próxima, firme e familiar dos educadores. O local e a modalidade se definem conforme os recursos, circunstâncias e necessidades da comunidade.

bairro, favorecendo aos adolescentes e jovens música, esporte, teatro e catequese. Eram uma festa o sábado e o domingo, e ele sempre estava conosco.

A segunda foi seu espírito empreendedor. Pe. Franco gostava de construir pessoas e obras. Perdi a conta de quantas piscinas cavamos em nosso sítio em Manaus; cada semestre era uma, mas elas não funcionavam; as piscinas eram para nosso uso e dos jovens oratorianos, mas nunca serviram pra nada. Ele conseguia umas formas com imagens de santos, presépios, velas, e nós fazíamos em casa as imagens e vendíamos, em uma lojinha, para o povo. Franco era um homem de grandes iniciativas e sensível aos pobres.

De 1992 a 1997 ele foi escolhido pelos salesianos para ser provincial, quer dizer, o animador e responsável de todas as nossas presenças na grande região amazônica. Foram seis anos de muito trabalho. Pe. Franco incentivou mais ainda as vocações da região, deu novo impulso missionário, favoreceu o estudo de línguas indígenas e manteve com os salesianos grande amizade e respeito.

No dia 23 de dezembro de 1997, o Papa João Paulo II nomeou Pe. Franco bispo da recente diocese de Juína (MS). Ficou apenas nove anos como bispo, mas adiantou trabalhos por trinta anos. É bom dizer que ele não queria ser bispo. Fez de tudo para não aceitar, mas acabou cedendo porque tinha grande amor à Igreja. No dia de sua ordenação episcopal no Vaticano, 6 de janeiro de 1998, não queria usar sapatos, porque sentia muitas dores nos pés. Foi quase forçado, mas assim que terminou a cerimônia, correu à sacristia e colocou seus velhos tênis de guerra e foi receber os abraços dos amigos.

Era assim Dom Franco, simples, amigo, sereno. Segundo um comentário que chegou aos meus ouvidos, ele foi recebido pelo Secretário de Estado do Vaticano, segunda pessoa depois do papa, e chegou com a batina errada e seus velhos tênis. O cardeal olhou-o e disse: "Então é o senhor o bispo missionário?". Ele respondeu: "Sim, excelência!". O cardeal olhou-o novamente e perguntou: "E essa cruz peitoral pequena e feia é sua mesmo?". Franco disse: "Sim, foi minha irmã freira quem me deu". O cardeal tirou do pescoço sua bela cruz e deu-lhe de presente. Dizem, não sei se é verdade, que Dom Franco vendeu a cruz e usou o dinheiro para as necessidades da diocese. Verdade ou não, assim era Dom Franco. Ele não queria nada para si, nem honras, nem dinheiro, nem belas roupas. Ele era servidor.

Em Juína, Dom Franco encontrou uma diocese nos inícios. Como nem catedral havia, ele começou a construí-la. Fundou um colégio para o ensino fundamental e médio, uma rádio, criou um jornal para a diocese, visitou todo o interior, sobretudo os lugares mais pobres. O povo queria muito bem ao bispo. Sua presença era serena e alegre, acolhedora e amiga. Trabalhou muito na área do ecumenismo e do diálogo inter-religoso, pois Dom Franco não era um tipo briguento e desrespeitoso; tratava as pessoas de outras religiões com muito respeito.

Meu último encontro com ele aconteceu na reunião anual dos bispos de 2007 em Itaici (Indaiatuba, SP). Ele estava feliz e cheio de sonhos para a diocese. Conversamos muito; eu não imaginava que o encontro era uma despedida do amigo tão querido. No dia 2 de agosto, dia do seu aniversário, ele recebeu um novo chamado; desta vez não teve tempo de dizer não. Dias antes sofrera uma insuficiência respiratória e fora levado para Cuiabá, onde teve um infarto e acabou falecendo. A consternação foi geral na diocese e na nossa província. No dia do enterro, milhares de pessoas lotaram a catedral para a despedida. Entre cantos, lágrimas e orações, o povo de Juína sepultou na catedral o bispo querido, que ficou pouco tempo entre eles, mas deixou a marca da presença de Deus.

Pe. João Mendonça, salesiano

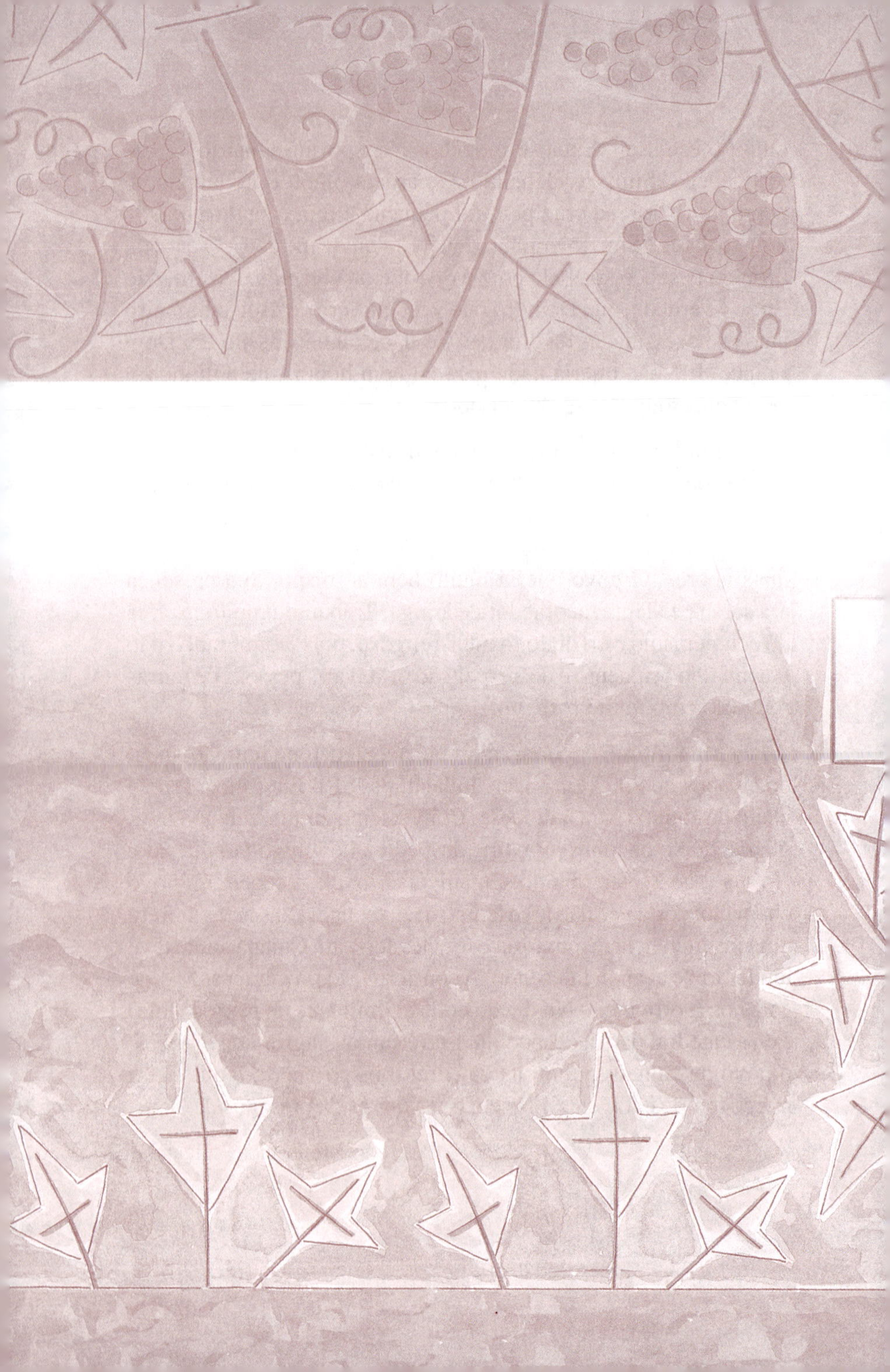

Sexta-Feira da Paixão do Senhor

Na Sexta-Feira Santa, dia de jejum e abstinência de carne, tem lugar a celebração da Paixão do Senhor. Acontece às três horas da tarde, hora em que Jesus morreu e em que se imolavam os cordeiros para o banquete da Páscoa.

"As primeiras comunidades cristãs assumiram a cruz como sinal do seguimento de Jesus. O cristianismo nasceu do Crucificado, que por amor entregou sua vida para salvar e libertar o ser humano do pecado. A cruz não surgiu repentinamente na vida de Jesus de Nazaré. Ela foi consequência de uma opção radical pelo Pai e pelo Reino. Na fidelidade ao Pai, Jesus é fiel também aos pobres e aos pecadores, os quais o Pai ama e quer resgatar. Jesus é tão solidário à sorte dos que sofrem como ele que dá sua própria vida por eles."[1]

O que significa afirmar que a cruz passa a ser conteúdo de anúncio das primeiras comunidades cristãs? Quer dizer que a experiência feita pelo Crucificado aparece como elemento determinante para os seguidores de Jesus identificarem sua vida com a dele.

A sabedoria da razão humana, porém, não é suficiente para explicitar a experiência cristã da cruz. Seu significado salvífico-libertador é entendido somente com base na sabedoria de Deus, cujo princípio é a fé vinculada à experiência religiosa original de Jesus Cristo Crucificado. O cristianismo está radicado em Jesus Crucificado.

A via da cruz não está destinada tão-somente para alguns poucos, mas sim para todas as pessoas que queiram seguir de fato Jesus Cristo. O seguimento exige a renúncia dos interesses pessoais que não estejam sintonizados com o projeto do Reino. Tomar a cruz e seguir o caminho do Mestre é enveredar pelo caminho do serviço na doação total, até a entrega da própria vida motivada pelo amor, a exemplo do Mestre.

Não entregar a vida a serviço do Reino e de seus riscos pensando em salvá-la é um equívoco. Quem procede assim acaba perdendo a vida por preguiça, omissão ou indiferença. Mas quem não reserva a vida

---

[1] Cf. BRUSTOLIN, Leomar Antônio & LELO, Antonio Francisco. *Caminho de fé*; itinerário de preparação para o Batismo de adultos e para a Confirmação e Eucaristia de adultos batizados. São Paulo, Paulinas, 2006. p. 138.

para si e a coloca a serviço do Reino, na caridade, ainda que a perca ao entregá-la, a exemplo de Jesus Cristo, na verdade estará salvando-a. Sendo a vida o maior dom de Deus, se for colocada a serviço do Reino, jamais poderá ser perdida".[2]

Celebração litúrgica

Liturgia da Palavra

Adoração da Cruz

Comunhão

[O altar esteja totalmente despojado: sem cruz, castiçais ou toalha.]
[O sacerdote e o diácono, de paramentos vermelhos como para a Missa, aproximam-se do altar, fazem-lhe reverência e prostram-se ou ajoelham-se no chão em sinal de despojamento. Todos rezam em silêncio por alguns instantes.]
[Quem preside reza a oração própria.]

Liturgia da Palavra

Cada celebração litúrgica é uma manifestação parcial do Reino. Antecipa a plenitude que se dá na eternidade e que celebra a Igreja gloriosa: a Virgem Maria, os apóstolos, os santos e os fiéis falecidos. A celebração da Palavra recorda Jesus, que percorria toda a Galileia proclamando, anunciando, pregando e ensinando o Evangelho, ou seja, o Reino.

A leitura cristã da Escritura faz o povo sentir-se continuador da história da salvação. Ela permite que a pessoa, hoje, se sinta parte dessa história e que considere Abraão, Isaac, Jacó e Moisés como seus antepassados na fé. A partir desse sentimento, cada um se descobre capaz de ler, em sua própria história de vida e nos acontecimentos atuais, as mensagens que Deus constantemente envia à comunidade.

---

[2] PRATES, Lisaneos Francisco. O caminho da cruz. In: NUCAP. *Testemunhas do Reino*; livro do crismando. São Paulo, Paulinas, 2008. pp. 91-92.

O mistério da salvação, que a Palavra de Deus não cessa de recordar e prolongar, alcança seu mais pleno significado na ação litúrgica. Assim, a Palavra de Deus é sempre viva pelo poder do Espírito Santo e manifesta o amor ativo do Pai. A Palavra nunca deixa de ser eficaz. Ela contém, realiza e manifesta a aliança que Deus firmou com seu povo.

A Liturgia da Palavra consta de uma *primeira leitura* geralmente extraída do Primeiro Testamento. Essa leitura anunciará ou fará referência ao pleno ensinamento ou realização de Cristo proclamado no Evangelho.

O *salmo responsorial* (de resposta) é a voz da Igreja que suplica, agradece e louva, porque tudo que ela recebe vem do Senhor. O salmo retoma o mesmo tema da primeira leitura, de forma orante e como resposta de fé.

O *Evangelho* realiza o que foi, de alguma forma, vivido pelo povo de Deus no Primeiro Testamento. Note-se que nos domingos do chamado Tempo Comum, isto é, aqueles domingos fora do ciclo do Advento-Natal e Quaresma-Páscoa, a leitura do Evangelho é continuada, seguindo sempre o mesmo evangelista. Assim, nos domingos do Ano A, Mateus; Ano B, Marcos; e Ano C, Lucas.

A *segunda leitura*, do Segundo Testamento, segue uma carta ou escrito, de maneira semicontínua; por isso os temas não precisam necessariamente coincidir.

A *homilia* é o discernimento da vida da comunidade à luz da Palavra. Somos servidores da Palavra. Queremos fazer tudo o que o Senhor nos disser. Essa Palavra irá nos julgar no fim dos tempos, como uma faca de dois gumes que penetra junturas e ligaduras e põe às claras a mentira do mundo e nossas falsidades (cf. Hb 4,12).

A comunidade, então, professa sua fé (Creio) e eleva seus pedidos (*preces*) ao Senhor como resposta e assentimento à Palavra recebida.

1ª leitura: Is 52,13–53,12

Salmo 30

O quarto canto do Servo Sofredor já é uma profecia do mistério da Páscoa. É a nova significação do sofrimento, assumido como salvação para justificar as multidões, e no qual se entrevê a glorificação final do servo fiel. Decididamente é desenhada uma paixão não fechada na morte, mas aberta à Ressurreição.

Canto: A minha alma está triste até a morte[3]

A minha alma está triste até a morte.
Vigiai e aceitai minha sorte.

Eis que o momento é chegado,
Em que o Filho do Homem vai ser entregue

Nas mãos dos poderosos e malvados.
O suor do sangue era tanto,

Que se espalhou no Jardim das Oliveiras.
E Jesus continuava seu pranto.

Este é um responso cantado no Ofício da Paixão; corresponde à faixa 4 do CD encartado, que pode se ajustar também para este rito. Toda a liturgia converge para o Calvário; a agonia de Jesus no horto das Oliveiras é um momento em que Jesus pode ainda mudar o rumo de sua decisão. Mas, até o fim, ele cumpre a vontade do Pai de amar a humanidade, mesmo que nossa resposta seja a morte.

2ª leitura: Hb 4,14-16; 5,7-9

Síntese da mais pura teologia da salvação pascal em Cristo. O sacerdote que nos dias da sua carne vai ser elevado, porque havia aprendido pela obediência o que era o sofrimento, era o único capaz de compartilhar as nossas fraquezas e libertar-nos para sempre.

---

[3] Corresponde à faixa 4 do CD encartado.

Evangelho: Jo 18,1–19,42 — Paixão de Nosso Senhor.

O Servo do Senhor, anunciado no livro de Isaías, tornou-se realmente o único sacerdote a oferecer-se a si mesmo ao Pai.

Homilia

Oração universal

A oração universal ou dos fiéis é proclamada de forma solene e completa.

[A Liturgia da Palavra é encerrada com a oração universal, do seguinte modo: o diácono, de pé junto ao ambão, propõe a intenção especial; todos oram um momento em silêncio; em seguida, o sacerdote, de pé junto à cadeira ou, se for oportuno, do altar, de braços abertos, diz a oração. Durante todo o tempo das orações, os fiéis podem permanecer de joelhos ou de pé.]

Adoração da Cruz

[Há duas formas propostas para a apresentação da Santa Cruz. A primeira, a cruz velada é levada ao altar, acompanhada por dois ministros com velas acesas. O sacerdote, de pé diante do altar, recebe a cruz. Descobre-lhe a parte superior e a eleva um pouco, começando a antífona *Eis o lenho da cruz...* Todos respondem: *Vinde, adoremos*. Todos permanecem um momento adorando em silêncio. Em seguida, descobre o braço direito da cruz, cantando da mesma forma e por fim, descobre toda a cruz. Os fiéis permanecem de joelhos.

Na segunda forma, o sacerdote dirige-se à porta da igreja, onde toma nas mãos a cruz sem véu. Acompanhado pelos ministros com velas acesas, vai em procissão pela nave até o presbitério. Junto à porta principal, no meio da igreja e à entrada do presbitério, de pé, ergue a cruz, cantando a antífona: *Eis o lenho da cruz...*, à qual todos respondem: *Vinde, adoremos!*, ajoelhando-se e adorando em silêncio.

Acompanhado de dois ministros com velas acesas, o sacerdote leva a cruz à entrada do presbitério ou a outro lugar conveniente, onde a coloca ou entrega aos ministros, que a sustentam, depondo os castiçais à direita e à esquerda.

Deve-se apresentar à adoração do povo uma só e mesma cruz. Para a Adoração da Cruz aproximam-se, como em procissão, o sacerdote e os fiéis, beijando a cruz. Sugerimos os cantos das faixas 5 e 6 do CD encartado.]

Canto: **As sete últimas palavras**[4]

Antífona
Solo: Ó Vós todos que passais pelo caminho!
Todos: Considerai e vede, se há uma dor maior que a minha dor!
(Lm 1,12)

Meu Pai, perdoa-lhes, porque não sabem
o que fazem! (Lc 23,34)
Todos: Considerai e vede...

Hoje mesmo estarás comigo
no Paraíso! (Lc 23,43)
Todos: Considerai e vede...

Senhora, eis teu filho!
Eis aí tua mãe! (Jo 19,26-27)
Todos: Considerai e vede...

Tenho sede, tenho sede! (Jo 19,28)
Todos: Considerai e vede...

Meu Pai, meu Pai! Por que me abandonaste? (Sl 21/22,2)
Todos: Considerai e vede...

Meu Pai, em tuas mãos encomendo
o meu espírito! (Lc 24,46)
Todos: Considerai e vede...

Tudo está consumado! Tudo está
consumado! (Jo 19,30)
Todos: Considerai e vede...

Antífona
Solo: Ó vós todos que passais pelo caminho!
Todos: Considerai e vede, se há uma dor maior que a minha dor!
(Lm 1,12)

---

[4] Este canto da faixa 5 do CD encartado corresponde à composição citada em: CNBB. *Hinário litúrgico.* Quaresma, Semana Santa, Páscoa, Pentecostes. São Paulo, Paulus 1987. vol 2, p. 177.

Normalmente, nessa noite pelas ruas, tem lugar a Procissão do Senhor Morto, acompanhada do andor da Virgem Mãe das Dores. É uma expressão popular de piedade, de silêncio e de meditação sobre a morte do Senhor. Cada fiel leva uma vela acesa e cantam-se os tradicionais cantos que exaltam a cruz e falam do sofrimento humano; igualmente os cantos 5 e 6 se aplicam para a procissão neste dia.

Canto: **Fiel madeiro da cruz**[5]

Fiel madeiro da cruz, ó árvore sem rival!
Que selva outro produz que traga em si fruto igual?
Quão doce peso conduz o lenho celestial

Canta, língua, o glorioso e duro combate da cruz!
Eis o tema generoso, que hoje o teu canto conduz!
Da morte vitorioso, morre no lenho Jesus!

O Criador apiedado da maldição que ocorreu,
Quando do lenho vedado Adão o fruto mordeu.
Para curar o pecado o mesmo lenho escolheu

Tal a ordem requerida na obra da salvação.
Com arte fosse iludida a arte da tentação
De novo brotasse a vida no lenho da maldição.

Quando do tempo sagrado a plenitude chegou,
Do seio do Pai mandado, ao mundo o Filho baixou.
De uma virgem sem pecado a nossa carne tomou.

No estreito presépio chora o rei eterno do Céu.
Sua mãe, Nossa Senhora, o enfaixa em panos seus,
Por frágeis laços embora cativo o Corpo de Deus.

Já tendo o tempo cumprido da sua vida mortal,
Só para a morte nascido em ato sacerdotal,
Na dura cruz é erguido o bom Cordeiro Pascal.

---

[5] Corresponde à faixa 6 do CD encartado.

Cravaram-lhe os cravos tão fundos.
O seu lado vão transpassar.
Já corre o sangue fecundo, a água põe-se a brotar.
Estrelas, mar, terra e mundo a tudo podem lavar!

Inclina um pouco os teus ramos
Tuas fibras amolece,
Durezas em ti buscamos.
Hoje te pedimos: esquece
Ao rei que em ti nós pregamos!
Um doce leito oferece.

Só tu digna foste achada de suster
Do mundo o preço,
De reparar a entrada do porto que não mereço.
Alma em sangue banhado,
Na tua nudez me aqueço.

Louvor e glória à Trindade,
Ao Deus Trino, Sumo Bem.
Ao Pai, ao Filho, em verdade,
O mesmo louvor convém.
Assim com a santidade
Do Espírito Santo. Amém!

Comunhão

[Neste dia, não se celebra a Eucaristia; apenas se distribui o pão consagrado na Missa vespertina anterior.

Sobre o altar estende-se a toalha e colocam-se o corporal e o livro. Pelo caminho mais curto, o ministro traz o Santíssimo Sacramento do local da reposição e coloca-o sobre o presbitério, estando todos de pé e em silêncio.

O sacerdote aproxima-se, faz genuflexão, sobe ao presbitério e convida para a oração do Pai-Nosso: *Livrai-nos de todos os males; Felizes os convidados para a ceia.*

O sacerdote comunga e dá a comunhão aos fiéis.

Terminada a comunhão, o cibório é transportado por um ministro competente para um lugar preparado fora da igreja. Observa-se um momento de silêncio. E o sacerdote diz a oração depois da comunhão e, depois, com as mãos estendidas, reza a oração sobre o povo.

Todos se retiram em silêncio.]

Testemunho da Bem-aventurada Lindalva Justo de Oliveira, Virgem e Mártir

Ir. Lindalva nasceu no dia 20 de outubro de 1953 em um pequeno povoado chamado Sítio Malhada da Areia, Município de Açu, no estado do Rio Grande do Norte. Seus pais chamavam-se João Justo da Fé e Maria Lúcia de Oliveira. Foi batizada na Igreja Matriz de São João Batista, em Açu, no dia 7 de janeiro de 1954. Foi este o dia escolhido para sua Memória Litúrgica. A Primeira Eucaristia foi realizada no dia 15 de dezembro de 1965. Segundo seus familiares, desde criança mantinha um particular interesse em ajudar os pobres e para com as coisas sagradas. Iniciou seus estudos no ambiente rural transferindo-se, posteriormente, para Natal, onde continuou sua formação. Contribuiu na criação de três sobrinhos, poupando dinheiro de seu emprego, na capital potiguar, para enviar à mãe. Após as jornadas diárias de trabalho sempre se preocupava em ler a Sagrada Escritura nos horários noturnos.

Após a morte do pai, visitava, frequentemente, a casa das Irmãs Filhas da Caridade do Instituto Juvino Barreto, um abrigo de idosos, como também a Escola Dom Marcolino Dantas, em Natal. Foi, portanto, nestas visitas que pôde observar o carisma de São Vicente de Paulo e o trabalho que as Irmãs de Caridade realizavam com os pobres e marginalizados. Ela tinha muita alegria em conviver com estes filhos de Deus sofredores. E, nesse convívio, surgiu sua vocação religiosa. As irmãs do Abrigo também observavam a postura carinhosa e caridosa que ela mantinha para com os idosos e doentes, como também a alegria desses em estar com Lindalva, que sempre abraçava a todos, cantava para eles, com muita disponibilidade ao trabalho voluntário.

Ninguém de sua família ou de seu ciclo de amizade sabia de suas atividades caritativas. Realizando tudo no silêncio, conformava-se à palavra de Jesus Cristo em Mt 6,1ss: "Guardai-vos de praticar vossas boas obras diante dos homens para serdes vistos por eles. Do contrário, não teríeis recompensa do vosso Pai que está nos céus".

Em 1987 recebeu o sacramento da Confirmação e dirigiu uma carta à Visitadora Provincial pedindo o ingresso no postulantado da Companhia das Filhas da Caridade de São Vicente de Paulo na Província do Recife-PE. Seu pedido foi aceito e, no dia 11 de fevereiro de 1988, Memória Litúrgica de Nossa Senhora de Lourdes, entrou para o postulantado, passando pelas casas de Olinda e Nazaré da Mata, em Pernambuco. No dia 16 de julho do ano seguinte, na Festa de Nossa Senhora do Carmo, foi admitida à Companhia, recebendo o hábito azul das Filhas da Caridade.

Durante o tempo de formação dedicava-se, com frequência, às orações particulares, sempre presente aos compromissos comunitários e muito fiel na obediência. Finalizando esse tempo, foi enviada, em janeiro de 1991, para sua primeira missão, o Abrigo Dom Pedro II, em Salvador-BA. Lá foi incumbida de coordenar uma enfermaria com quarenta idosos, ficando responsável pela ala do pavilhão masculino. Sempre simples e discreta, preparava os enfermos para seus momentos finais aqui na terra, pois via no rosto sofredor deles a imagem de Deus que a impulsionava para seu constante e humilde serviço ao próximo. Sendo suas as palavras: "Temos que servir com amor e doação o irmão mais pobre, que é onde Deus habita e espera por nós".

No ano de 1993, devido a uma indicação, o Abrigo Dom Pedro II recebeu, na ala dos anciãos, coordenada pela Ir. Lindalva, um homem de 46 anos chamado Augusto, que passou a assediar a irmã manifestando-lhe até suas más intenções. Ela confidenciou esse episódio para outras irmãs e procurou afastar-se dele. Por amar tanto seu trabalho no Abrigo, chegou a afirmar: "Prefiro que meu sangue seja derramado a afastar-me daqui".

Por não ter sido correspondido, seu algoz comprou uma faca e premeditou o assassinato de Ir. Lindalva. Na Sexta-Feira da Paixão do Senhor, 9 de abril de 1993, ela participou, juntamente com outras irmãs da comunidade, de uma via-sacra na Paróquia de Boa Viagem, logo ao amanhecer do dia. Ao regressar foi preparar as bandejas para servir o café da manhã dos idosos. Augusto subiu a escada atrás da cozinha da enfermaria e, tocando no ombro de nossa mártir, deu a primeira facada na veia jugular, que transporta o sangue para o cérebro, e, em seguida, desferiu mais 43 golpes, portanto, segundo laudo médico, ao todo 44 perfurações profundas de faca. Como no sagrado corpo de Nosso Senhor Jesus Cristo, 39 feridas da flagelação mais as cinco chagas. Na manhã do Sábado Santo o Cardeal Primaz do Brasil, Dom Lucas Moreira Neves, celebrou as Exéquias e na Missa do Domingo de Páscoa disse em sua homilia: "Linda alva é a branca veste que ela, como cada cristão, recebeu em seu Batismo; Linda alva é seu hábito azul de Filha da Caridade, agora alvejado no sangue do Cordeiro (cf. Ap 7,14), ao qual se misturou seu sangue; Linda alva é a límpida aurora da Páscoa de Jesus, que raiou para ela três dias depois da sua trágica Sexta-Feira Santa. Límpida aurora, linda alva de sua própria Páscoa!".

Acrescentaria ao texto de Dom Lucas: Justo, tanto o Antigo como o Novo Testamento referem-se à recompensa dos justos. A vida deles está nas mãos de Deus; aos olhos dos insensatos pareciam estar mortos, mas eles estão em paz. Estão em Deus por terem ensinado, com a própria vida, os caminhos da justiça; brilharão como estrelas no firmamento do céu. De Oliveira, uma perfeita alusão ao Monte das Oliveiras, local onde nosso Redentor iniciou seu martírio físico em total doação ao próximo, assim como a Bem-Aventurada Lindalva; lá ele suou sangue e recebeu o beijo do traidor, assim como ela recebeu 44 golpes das mãos daquele que ajudou, exercendo o serviço da caridade perfeita.

Ir. Lindalva Justo de Oliveira foi beatificada em São Salvador da Bahia no dia 2 de dezembro de 2007, Primeiro Domingo do Advento, pelo Cardeal Primaz Dom Geraldo Agnelo, como delegado do Santo Padre, o Papa Bento XVI, na presença do Cardeal Saraiva Martins, Prefeito da Congregação para a Causa dos Santos, que leu a Bula de Beatificação, perante seus familiares, inclusive sua mãe, bispos, padres, religiosos e uma multidão de fiéis que, seguindo o exemplo de Lindalva, desejam seguir os passos do Cordeiro onde quer que ele vá.

Pe. Bruno Carneiro Lira, osb

SÁBADO SANTO

A Vigília Pascal, celebrada no Sábado Santo, normalmente após as 20h, é a celebração mais importante do Ano Litúrgico. Nela se comemora a Ressurreição de Jesus, com os sinais do fogo, da Palavra, da água, do pão e do vinho.

A Ressurreição de Cristo é o centro de nossa fé. "Se Cristo não ressuscitou, vazia é a nossa pregação, vazia é também a nossa fé" (1Cor 15,14). A Ressurreição é a vitória de Cristo sobre a morte e sobre todos os poderes contrários à vida humana. Se, por um lado, a sentença do mundo contra o Senhor decretou sua morte na cruz, por outro, o Pai devolve a vida a seu Filho, que a retoma livremente, e o Espírito Santo a vivifica e glorifica. "A Ressurreição é o ápice da Encarnação. Ela confirma a divindade de Cristo, como também tudo o que ele fez e ensinou, e realiza todas as promessas divinas a nosso favor."[1] Sua Ressurreição é a garantia de que, em Cristo, nós alcançamos a vida plena e, com ele, somos igualmente vitoriosos sobre toda a maldade deste mundo e herdeiros da vida eterna.

A Ressurreição é um acontecimento que está no centro da experiência religiosa que Jesus Cristo fez de Deus. Ela, o cume do caminho feito por Jesus Cristo, é o mistério por excelência que serve como critério para entender o sentido dos demais mistérios da fé cristã: sua Encarnação (o divino humanizado e o humano divinizado), sua Vida (seus gestos e palavras), sua Paixão (tudo aquilo que diz respeito a seu sofrimento) e sua Crucifixão (morte violenta na cruz). Com a Ressurreição, esses mistérios se esclarecem, e os seguidores de Jesus Cristo descobrem quem ele é, qual é sua missão e qual é seu futuro.

A Ressurreição é a experiência de fé que permite entender o passado de Jesus Cristo. Seus seguidores, partindo da Ressurreição e olhando, de forma retroativa, para aquilo que ele fez e pregou, começam a compreender o mistério de sua pessoa. A Ressurreição ilumina e dá sentido ao presente, pois a luz do Ressuscitado dissipa as dúvidas e incertezas da morte e a sensação de que tudo está perdido, ou de que a Crucifixão foi o fim de tudo. Mas a Ressurreição projeta luz também sobre o futuro, pois o Ressuscitado inaugura um tempo novo de esperança, em um mundo mais de acordo com os desígnios de Deus Pai.

---

[1] *Compêndio do Catecismo da Igreja Católica*, n. 131.

"A Ressurreição constitui antes de mais nada a confirmação de tudo o que o próprio Cristo fez e ensinou. Ao ressuscitar, Cristo deu a prova definitiva, que havia prometido, de sua autoridade divina. A Ressurreição do Crucificado demonstrou que ele era verdadeiramente EU SOU, o Filho de Deus e Deus mesmo.

Há um duplo aspecto no Mistério Pascal: por sua Morte, Jesus nos liberta do pecado; por sua Ressurreição, ele nos abre as portas de uma nova vida. Essa é primeiramente a justificação que nos restitui a graça de Deus, 'a fim de que, como Cristo foi ressuscitado dentre os mortos pela glória do Pai, assim também nós vivamos vida nova' (Rm 6,4). Esta consiste na vitória sobre a morte do pecado e na nova participação na graça.

O próprio Cristo Ressuscitado é princípio e fonte de nossa Ressurreição futura: 'Cristo ressuscitou dos mortos, primícias dos que adormeceram [...]; assim como todos morrem em Adão, em Cristo todos receberão a vida' (1Cor 15,20-22). Na expectativa dessa realização, Cristo Ressuscitado vive no coração de seus fiéis. Nele, os cristãos 'experimentaram [...] as forças do mundo que há de vir' (Hb 6,5) e suas vidas são atraídas por Cristo ao seio da vida divina, 'a fim de que não vivam mais para si mesmos, mas para aquele que morreu e ressuscitou por eles' (2Cor 5,15)."[2]

Para assumir na fé a Ressurreição, é necessário ver seu significado à luz da Páscoa como um acontecimento histórico que evoca o êxodo do povo de Deus, comunica a ação salvadora e libertadora de Deus de tudo aquilo que diminui a dignidade da pessoa humana. Assim, a Ressurreição é radicalmente saída e passagem de todo tipo de escravidão para a liberdade plena.

---

[2] Cf. *Catecismo da Igreja Católica*, nn. 651-655.

Celebração litúrgica

Celebração da Luz
Liturgia da Palavra
Liturgia Batismal
Liturgia Eucarística

[Segundo antiquíssima tradição, esta noite é "uma Vigília em honra do Senhor" (Ex 12,42). Assim, os fiéis, segundo a advertência do Evangelho (cf. Lc 12,35ss), tendo nas mãos lâmpadas acesas, sejam como os que esperam o Senhor, para que ao voltar os encontre vigilantes e os faça sentar à sua mesa.]
[Toda a Vigília Pascal seja celebrada durante a noite, de modo que não comece antes do anoitecer e sempre termine antes da aurora de domingo.]
[O sacerdote e os ministros vestem paramentos brancos, como para a Missa. Preparem-se velas para todos os que participam da Vigília.]

Celebração da Luz

A celebração começa com a bênção do fogo novo fora da igreja. A comunidade se reúne em redor da fogueira, sinal de Jesus, nossa luz. O comentário e a bênção do fogo bem expressam o sentido do rito:

Comentário

Nesta noite santa, em que nosso Senhor Jesus Cristo passou da morte à vida, a Igreja convida os seus filhos dispersos por toda a terra a se reunirem em vigília e oração. Se comemorarmos a Páscoa do Senhor ouvindo sua palavra e celebrando seus mistérios, podemos ter a firme esperança de participar do seu triunfo sobre a morte e de sua vida em Deus.

Oremos

Ó Deus, que pelo vosso Filho trouxestes àqueles que creem o clarão da vossa luz, santificai este novo fogo. Concedei que a festa da Páscoa acenda em nós tal desejo do céu, que possamos chegar purificados à festa da luz eterna. Por Cristo, nosso Senhor.

O fogo é bento. E depois se acende o Círio Pascal, sinal de Cristo Ressuscitado, o novo fogo. Todos acendem sua vela no Círio: cada um, pelo Batismo, participa da luz de Cristo. O Círio é enfeitado: traz uma cruz pintada, porque o Ressuscitado é o mesmo que morreu na cruz. Há as letras Alfa e Ômega: são a primeira e a última letra do alfabeto grego. Significam que Jesus é o início e o fim, é o Senhor da história. Ainda há cinco grãos de incenso, indicando as cinco chagas de Jesus. O Círio Pascal aceso faz brilhar a luz da Ressurreição de Cristo na escuridão da noite.

Depois todos se dirigem em procissão para a igreja com a luz nova nas mãos. Queremos levar esta luz de Cristo Ressuscitado pela vida afora. O diácono ou o sacerdote entoa três vezes: *Eis a luz de Cristo!*

[Chegando ao altar, o sacerdote vai para a sua cadeira. O diácono coloca o Círio Pascal no castiçal, no centro do presbitério ou junto ao ambão. O diácono ou, na falta dele, o sacerdote, incensa, se for o caso, o livro e o Círio. Do ambão, faz a proclamação da Páscoa, estando todos de pé e com as velas acesas.]

Canto: **Exulte de alegria**[3]

Exulte de alegria dos anjos a multidão!
Exultemos também nós
Por tão grande salvação!
Do grande Rei a vitória
Cantemos o resplendor!
Das trevas surgiu a glória,
Da morte, o libertador!
O Senhor esteja convosco!
Ele está no meio de nós!
Os corações para o alto!
A Deus ressoe nossa voz!

---

[3] Corresponde à faixa 7 do CD encartado.

No esplendor desta noite
Que viu os hebreus libertos
Nós, os cristãos, bem despertos
Brademos: morreu a morte!
Bendito seja Cristo, Senhor
Que é do Pai imortal esplendor!

No esplendor desta noite
que viu vencer o Cordeiro
Por Cristo salvos, cantemos:
A seu sangue justiceiro!

No esplendor desta noite
Que viu ressurgir Jesus
Do sepulcro, exultemos:
Pela vitória da cruz!

Noite mil vezes feliz
Deus por nós seu Filho deu
O filho salva os escravos
Quem tanto amor mereceu?!

Noite mil vezes feliz
Ó feliz culpa de Adão!
Que mereceu tanto amor
Que recebeu tal perdão!

Noite mil vezes feliz
Aniquilou-se a maldade
As algemas se quebraram
Despontou a liberdade!

Noite mil vezes feliz
O opressor foi despojado
Os pobres enriquecidos
O céu e a terra irmanados!

Noite mil vezes feliz
Em Círio de virgem cera
Nova esperança se acende
No seio da tua Igreja!

Noite mil vezes feliz!
Noite clara como o dia
Na luz de Cristo glorioso
Exultemos de alegria!

O "Pregão Pascal" é a grande proclamação que anuncia a mensagem da Ressurreição e celebra as maravilhas operadas por Deus, feito memória nesta noite santa. De preferência, cante-se vitoriosamente que o pecado de Adão foi redimido pelo sangue de Cristo. Neste cântico são anunciadas as figuras da redenção, o cordeiro, a passagem do mar Vermelho, a coluna de fogo. Se o ministro ordenado ou o diácono não cantarem, também será cantado por um ou mais solistas, alternando-se com o coral. Se lido, seja da forma mais solene possível.

Celebração da Palavra

[Apagando as velas, sentam-se todos. E antes de começarem as leituras, o sacerdote dirige-se ao povo com o convite para acompanhar as leituras.]

Trata-se de uma Vigília, uma noite em que a comunidade está tranquila e preparada para meditar os mistérios do Senhor, que na verdade é o seu próprio mistério, pois todos fomos mergulhados e transformados na Páscoa do Senhor.

Propõem-se sete leituras do Primeiro Testamento, que lembram as maravilhas de Deus na história da salvação; e duas do Segundo Testamento, a saber, o anúncio da Ressurreição e a leitura de Paulo aos Romanos sobre o Batismo cristão como sacramento da Ressurreição de Cristo. Por razões pastorais, podem-se reduzir para três as leituras do Primeiro Testamento, tendo-se, porém, em conta que a leitura da Palavra de Deus é o principal elemento desta Vigília. A leitura da travessia do mar Vermelho (cf. Ex 14) nunca pode ser omitida.

A proclamação da Palavra acolhida na fé contemplativa é imprescindível para entrar no sentido da Vigília. Na Vigília Pascal meditamos as "maravilhas" que o Senhor faz por seu povo ao criá-lo à sua imagem e semelhança. Estabelece uma aliança com seu povo ao libertá-lo da escravidão do Faraó. Mesmo diante da infidelidade do povo, o Senhor envia seu Filho para resgatar a humanidade. As leituras recordam a salvação de Deus através dos tempos, vista e atualizada agora, à luz da nova Páscoa.

> Daqui vem a importância de escolher não um ato ou outro mas sim a progressão histórica dos grandes fatos salvíficos. A animação interna e a unidade destes fatos vêm da Páscoa em direção à qual conduzem.
>
> Ao povo convocado precisamente pela Palavra, agora lhe é doada em abundância para constituí-lo na fé, aqui e agora, mais e mais o povo dos redimidos em Cristo.
>
> A ordenação das leituras traz o dinamismo da mesma revelação, dinamismo que convém conservar: começa com a criação e continua com a libertação do Filho de Deus (sacrifício de Abraão) e com a passagem da morte à vida (mar Vermelho); daqui se passa aos profetas, que se apresentam como um comentário de homilia,

revelador do pensamento de Deus sobre a salvação histórica da Páscoa antiga e nova. A liturgia da Vigília ressalta a passagem das leituras do Antigo Testamento para as do Novo: para significar este *trânsito* do antigo ao novo, grande parte dos elementos que querem significar esta mudança se coloca agora no altar (ornamentação do altar, canto do Glória, toque dos sinos, órgão e Aleluia entre as duas leituras do Novo Testamento).

Vale a pena aprofundar o conteúdo teológico das orações que seguem a cada uma das leituras, porque têm por finalidade pedir a atualização cristã das realidades que se acaba de ouvir na leitura.[4]

[O leitor dirige-se ao ambão, onde faz a primeira leitura. Em seguida, o salmista ou cantor diz o salmo, ao qual o povo se associa pelo refrão. Depois todos se levantam e o sacerdote diz: Oremos. Após um momento de silêncio, diz a oração.]

Leitura — Salmo — Oração

1. A criação Gn 1,1–2,2 ou 1,1.26-31a
   Sl 103
2. O sacrifício de Abraão Gn 22,1-18 ou
   22,1-2.9a.10-13.15-18
   Sl 15
3. A passagem do mar Vermelho Ex 14,15–15,1

Canto: **Cântico de Moisés**[5]

Cantou Moisés um canto, um hino ao Senhor.
Todo o povo fiel bateu palmas.
E unido cantou, dançou e pulou.

---

[4] BELLAVISTA, Joan. *L'any litúrgic*. Barcelona, Centre de Pastoral Litúrgica, 1982. p. 84. (Col. Lecció saurí).

[5] Corresponde à faixa 8 do CD encartado.

O Senhor glorioso, ele triunfou
Cavaleiro e cavalo no mar afogou
O Senhor é a minha força e meu canto
Salvação ele sempre foi no meu pranto

O Senhor, sim que é santo e forte guerreiro
E o seu nome, grande Senhor Justiceiro
Lança ao fundo do mar soldados e chefes
Carros e homens nas ondas do mar perecem

O furor de tua direita ameaça
O inimigo se junta, se arma e fracassa
No teu santo monte os introduzirás
E, pra sempre, Senhor, aqui reinarás!

4. A nova Jerusalém	Is 54,5-14
	Sl 29
5. A salvação oferecida a todos gratuitamente	Is 55,1-11
	Sl 12
6. A fonte da sabedoria	Br 3,9-15.32–4,4
	Sl 18
7. Um coração novo e um espírito novo	Ez 36,16-28
	Sl 41/42

[Após a oração e o responsório da última leitura do Antigo Testamento, acendem-se as velas do altar, e o sacerdote entoa o hino Glória a Deus nas alturas, que todos cantam, enquanto se tocam os sinos.]

[Terminado o hino, o sacerdote diz a oração do dia como de costume.]

8. Pelo Batismo, na sua morte, fomos sepultados	Rm 6,3-11

[Terminada a epístola, todos se levantam e o sacerdote entoa solenemente o Aleluia, que todos repetem. Em seguida, o salmista ou cantor diz o Sl 117, ao qual o povo responde com o Aleluia. Se for necessário, o próprio salmista entoa o Aleluia.]

[Ao Evangelho não se levam velas, mas só incenso, quando usado.]

Celebração Batismal

Nesta Vigília é preparada a água batismal. É cantada a ladainha de todos os santos. Estes são exemplos de vida cristã e intercedem junto a Deus pelos eleitos, a fim de que tenhamos força para viver nosso Batismo. Depois é feito o Batismo, especialmente dos adultos. Os que já são batizados renovam os compromissos e são aspergidos com água batismal.

Atualmente, o documento da CNBB *Diretório nacional de catequese*[6] insiste na prioridade que deve ter a catequese com adultos, não só para os não-batizados mas também para aqueles que não completaram a iniciação cristã. Por isso, propõe o catecumenato pós-batismal. Nesse documento, a catequese com estilo catecumenal é tida como modelo, o que, naturalmente, estimulará os catequizandos adultos ou que se preparam para a Crisma ou Eucaristia, bem como seus familiares, a participarem ativamente da Vigília, visto que a centralidade pascal desta noite confere sentido a todo itinerário catequético.

[Se houver Batismo, chamam-se os catecúmenos, que são apresentados pelos padrinhos à Igreja reunida. Se houver crianças, serão apresentadas pelos pais e padrinhos.]

[Entoa-se a ladainha, à qual todos respondem de pé (por ser Tempo Pascal).]

[Se não houver Batismo nem bênção de água batismal, omite-se a ladainha e procede-se logo à bênção da água.]

Bênção da água

Vamos encontrar o significado da água como *sinal de vida e de morte*. A função da água na história da salvação não pode ser vista apenas no plano natural, ou seja, a água que limpa e purifica, como se o Batismo apenas apagasse as manchas do pecado.

Junto à fonte batismal, o celebrante bendiz a Deus, recordando o admirável plano segundo o qual Deus quis santificar o homem pela água e pelo Espírito. A oração utiliza as imagens do ciclo do Gênesis 1,2.6-10; 1,21-22 (criação, dilúvio) e do Êxodo 14,15-22, recorda a passagem pelo

---

[6] Cf. São Paulo, Paulinas, 2007.

mar Vermelho a pé enxuto, o que significa passar do estado de escravidão para a conquista da terra prometida.

Essas imagens são acontecimentos que anunciam uma plenitude e uma verdade somente revelada e realizada em Cristo, verdadeiro Adão que nos livra do pecado, novo Noé que pelas águas batismais nos salva do naufrágio, esperado Moisés que nos liberta por uma nova Páscoa. Jesus confere novo valor salvífico à água: em seu Batismo no Jordão (cf. Mt 3,13-17), com Nicodemos (cf. Jo 3,1-15) ou com a Samaritana (cf. Jo 4,1-42) e, principalmente, no alto da cruz, quando seu coração é transpassado (cf. Jo 19,34).

Essa oração coloca nossa vida e nossa história em continuação com os mesmos fatos narrados; por isso invoca o poder do Espírito sobre a fonte batismal para que o candidato, ao ser coberto pelas águas, participe de todos esses mistérios salvíficos e tenha sua vida transformada por eles. A palavra "Batismo", em sua raiz grega, significa "imergir na água". Este é o principal efeito do Batismo: participar da Páscoa de Cristo e ser enxertado nela; uma vez que aquele que é batizado desaparece na água, sofre uma morte semelhante à de Cristo, ressuscita para a vida e recebe a graça da imortalidade. É um novo nascimento! O sinal de imergir por três vezes recorda em nome de quem somos adquiridos como filhos, participantes da trinitária família divina: Pai, Filho e Espírito Santo.

"Os sacramentos não são coisas, mas ações. O Batismo não é a água, mas o banho na água que ganha sentido na fé, como ação que faz nascer de novo (regenerar) em Jesus Cristo. Por isso a importância da bênção d'água para expressar claramente que não é a água em si mesma que tem força sacramental, senão que é Deus o que atua e se serve da água para regenerar o ser humano. Assim, a bênção da água é um 'colocar a água nas mãos de Deus' para que ele atue sacramentalmente."[7]

[Cada catecúmeno renuncia ao demônio, faz a Profissão de Fé e é batizado. Os catecúmenos adultos são confirmados logo após o Batismo, se houver bispo ou presbítero com delegação para fazê-lo.]

---

[7] TENA, Pere. El rito litúrgico del bautismo de niños. In: VV.AA. El bautismo de niños. Barcelona, Centre de Pastoral Litúrgica, 1987. p. 22 (Dossiers CPL, 23).

[Se não houver Batismo, após a bênção da água, todos, de pé e com as velas acesas, renovam as promessas do Batismo.]

Promessas do Batismo

Se o Batismo é de adultos, eles professam a fé que desejam abraçar. Se se tratar de crianças, a fé atual, que estas não têm, é suprida pela fé dos pais, dos padrinhos e de toda a Igreja, os quais em nome delas *renunciam ao pecado, proclamam a fé em Cristo* e aceitam a obrigação de levar a fé da criança à plena realização pessoal, antecipando, assim, de alguma maneira, a fé pessoal futura. A renúncia ao mal e a Profissão de Fé no Deus vivo de Jesus Cristo, na força do Espírito Santo, renovam os compromissos de viver como filhos de Deus neste mundo. Jesus, como modelo, luta e vence o mal e é obediente ao Pai.

Jesus é fiel até o fim à realização de sua missão como servo, superando as tentações. Não usa sua condição messiânica para matar a fome, para a vanglória ou para dominar. Decide trilhar o caminho da pobreza, da fraqueza, do serviço simples e humilde até a morte. A tentação de não servir a Deus e a seus desígnios nega a vocação fundamental do homem à filiação e à fraternidade. Apaga a chama do Espírito que impele o ser humano a chamar Deus de Pai e a viver como filho de Deus.[8]

O estilo cristão ou o espírito de vida nova que os ritos inspiram levam o cristão a se comprometer. Ao sermos mergulhados na água da vida do Batismo, Deus coloca em nós a fé, a esperança e o amor, para sermos capazes de viver de acordo com seu projeto. "O cristão passou das trevas à luz, passou a fazer parte da comunidade dos santos na luz. Essa centralidade real e sacramental não pode ser desvinculada, na prática, da centralidade pessoal. Entra aqui toda a perspectiva da vida cristã como luta contra toda situação de pecado. O fato de que o ser humano esteja centrado em Cristo não o impede de viver também situado no mundo."[9] A vida nova na graça, recebida no Batismo, não suprimiu a fraqueza da natureza humana nem a inclinação ao pecado.

---

[8] Cf. CNBB. *Batismo de crianças*. São Paulo, Paulinas, 1980. nn. 102-104 (Documentos da CNBB, n. 19).

[9] TENA, El rito litúrgico del bautismo de niños, cit., p. 20.

[A palavra "renunciar" poderá ser substituída por outra expressão equivalente, como: "lutar contra", "deixar de lado", "abandonar", "combater"; "dizer não a"; "não querer".[10]]

[O sacerdote asperge o povo com água benta, enquanto todos cantam.]

[Terminada a aspersão, o sacerdote volta à cadeira, onde, omitindo o Creio, preside à Oração dos Fiéis.]

Liturgia Eucarística

Convém que o pão e o vinho sejam apresentados pelos neobatizados.

Esta Vigília é especial. Pela primeira vez os neófitos (os recém-batizados) oferecem com o pão e o vinho a própria vida, já que eles foram incorporados em Cristo, e é toda a Igreja unida a Cristo (Cabeça e membros) que se oferece ao Pai, na força do Espírito Santo.

A celebração conclui com a Liturgia Eucarística, sinal primordial da presença de Cristo Ressuscitado na comunidade. O Crucificado ressuscitou e passou a ser uma presença sacramentalmente viva na comunidade por meio da Eucaristia. "A Eucaristia é o cume desta celebração. Tudo converge para ela e só ela a contém inteiramente. A nova Páscoa é eucarística. Esta noite é por excelência a noite do sacramento pascal. A Eucaristia é o memorial da Páscoa de Cristo e a antecipação daquela do céu. Como o mistério desta noite, ela é tanto a teofania da Ressurreição de Cristo como a de seu retorno. Por ela a Igreja participa da novidade pascal de Jesus Cristo Ressuscitado."[11]

Testemunho de um surfista

Os dois jovens salvos pelo surfista Tony Andreo Villela, de 32 anos, que morreu na manhã de 14 de setembro de 2008 no Guarujá, a 87 quilômetros da capital paulista, haviam sido avisados pelos salva-vidas para não entrarem no mar naquela manhã. Com mais dois amigos, eles não deram ouvidos à recomendação e tiveram dificuldades para sair da água. Tony estava na areia da

---

[10] *Ritual do Batismo de Crianças*, n. 140.

[11] BELLAVISTA, *L'any litúrgic*, cit., p. 85.

praia de Pitangueiras quando viu os quatro próximos às pedras da encosta, com dificuldade para voltar à praia, e resolveu entrar na água pra ajudá-los.

Segundo os amigos, o surfista conseguiu salvar dois dos rapazes. Os outros conseguiram sair sozinhos da arrebentação das ondas. Durante o resgate, Tony perdeu a prancha e foi atingido por ondas fortes quando tentava escalar as pedras. Um salva-vidas ainda tentou retirá-lo da água, mas o perdeu de vista devido ao mar violento.

(Três dias depois, o corpo do surfista foi encontrado numa praia próxima). Os dois jovens salvos não foram mais vistos na praia. Villela era casado havia pouco mais de três anos e tinha uma filha de 11 anos.

"Ficamos com a dor da perda, mas orgulhosos do que ele fez", afirmou o tio, o eletricista Marcio Borges, de 40 anos. De acordo com ele, Tony fazia o possível para ajudar pessoas em dificuldade no mar. "Ele tinha um preparo físico muito bom, era cheio de saúde, não imaginava isso", disse Jaime Santos, de 34 anos, amigo de Tony.[12]

---

[12] BORGES, Danielle. Surfistas foram alertados do perigo. *Diário de São Paulo*, 16 de setembro de 2008, Caderno A, p. 9.

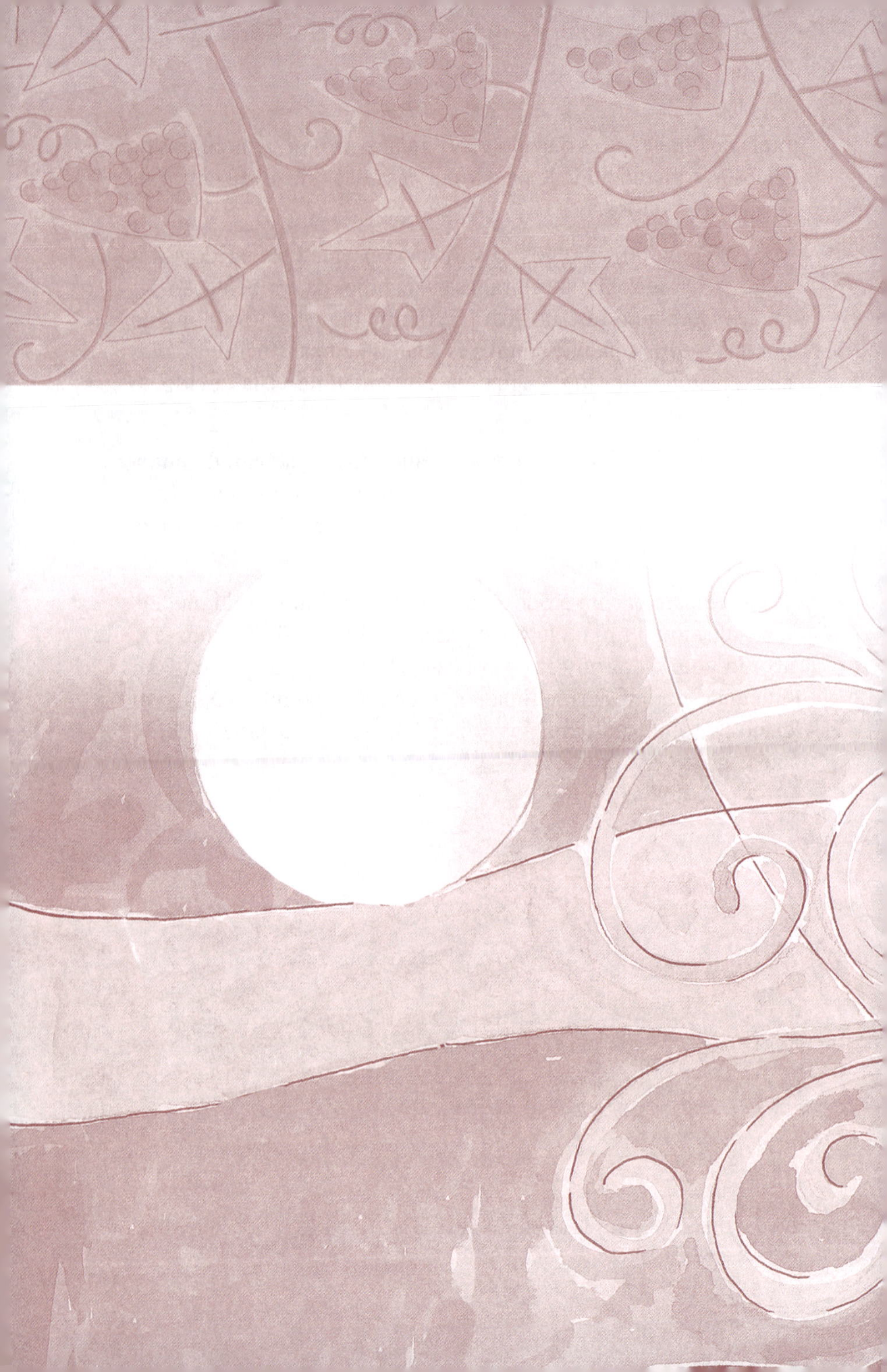

O domingo

Depois de trabalharmos a semana inteira, ou de irmos cinco ou seis dias à escola, é justo a gente descansar. Assim, o domingo virou apenas um dia de folga, ou uma pausa no estudo ou no trabalho. Em casa, há tempo para todos almoçarem juntos, sair com os colegas, assistir a um filme, pôr as coisas e a casa em ordem. Mas será que o domingo é somente isso? Em uma sociedade de consumo, o tempo se alterna entre trabalho e lazer, para ganhar dinheiro e para gastar. Na verdade, somos mais que máquinas de ganhar e gastar dinheiro.

Hoje, o tempo se concebe fixado no próprio presente, a preocupação é o agora. A memória do que se passou não importa, já que nos colocamos diante da herança de tanta exclusão e violência. Busca-se dar lugar à realização imediata dos desejos pessoais. Prefere-se viver o dia-a-dia, sem programas a longo prazo nem apegos pessoais, familiares ou comunitários. As relações humanas estão sendo consideradas objetos de consumo, conduzindo a relações afetivas sem compromisso responsável e definitivo (cf. *Documento de Aparecida*, nn. 44 e 46).

Essa forma de conceber o tempo desenraíza o domingo de seu sentido fundamental para a vida cristã. Perde-se a noção da importância de comemorar o memorial pascal, o acontecimento de nossa redenção. O tempo se reduz ao que dá prazer ou é necessário para satisfazer desejos momentâneos. Bloqueia-se a esperança, o futuro da vida eterna se perde no imediatismo da última tecnologia. O tempo, particularmente o domingo, se vê transformado pelo individualismo que enfraquece os vínculos comunitários. O que a dimensão celebrativa reforça como laços de vida, de luta e de resistência comuns, cai no indiferentismo do individualismo e da subjetividade exasperada.

Reconhecimento da obra divina

A vida, antes de tudo, é um dom que recebemos de Deus. Desde o início, a Bíblia nos ensina que Deus, ao criar o mundo, "no sétimo dia concluiu toda a obra que tinha feito [...]. Deus abençoou o sétimo dia, o santificou e repousou de toda a obra que fizera" (Gn 2,2-3). Percebemos que, segundo o plano de Deus, a semana da criação está orientada para o Criador. Dele recebemos tudo o que somos e temos. Assim, tudo o que existe neste mundo, até mesmo a última tecnologia disponível no mercado, não poderá se sobrepor ao reconhecimento de que tudo vem dele e conflui para ele.

Desse reconhecimento brota a natural ação de graças a Deus, ou o reconhecimento de sua ação paterna e maravilhosa que nos cria e nos sustenta juntamente com toda a criação. Mesmo que o ser humano se tenha perdido pelos caminhos do pecado, Deus nos enviou o seu Filho amado para nos salvar. Assim, a obra da criação não ficou presa nas teias do pecado, do ódio e da violência mais cruel, porque o seu Filho se encarnou e atraiu para si todas as coisas. O seu sangue derramado na cruz redimiu a humanidade. Assim, a obra da criação do Pai é restaurada.

Dia da Ressurreição

Por isso, o primeiro dia da semana, o da Ressurreição, logo no início do Cristianismo foi aquele em que os cristãos começaram a se encontrar para a celebração da Ceia e tornar presente o Ressuscitado. Converteu-se no dia primordial, porque nele celebramos o Mistério Pascal de Cristo e da Igreja. Domingo vem da palavra latina *Dominus*, que quer dizer "Senhor". Portanto, é o dia do Senhor.

"Ao anoitecer daquele dia, o primeiro da semana, os discípulos estavam reunidos, com as portas fechadas por medo dos judeus. Jesus entrou e pôs-se no meio deles. Disse: 'A paz esteja convosco' […]. Então, soprou sobre eles e falou: 'Recebei o Espírito Santo' […]. Oito dias depois, os discípulos encontravam-se reunidos na casa" (Jo 20,19.20.26). Esses versículos do Evangelho segundo João nos mostram como bem prontamente todo o significado do sábado é transferido para o domingo, centrado na realidade da Páscoa (passagem) do Senhor.

Se o domingo é o dia da Ressurreição, ele não se reduz à recordação de um acontecimento passado: é a celebração da presença viva do Ressuscitado no meio de nós. É a Páscoa semanal, que recorda o memorial da presença do Senhor na comunidade. À reunião da assembleia dominical estão associadas a entrega do Espírito do Senhor, a alegria da Ressurreição, o otimismo da vitória sobre a morte, o testemunho nos sofrimentos, o anúncio do Senhor no mundo. "A Páscoa foi inaugurada: agora continua crescendo e desenvolvendo-se em nós e por nós, sempre com a presença misteriosa do Senhor, sobretudo no domingo [...]. Cada domingo é ao mesmo tempo memória da Páscoa inicial e profecia da Páscoa futura. Em cada domingo atualiza-se a primeira e antecipa-se já sacramentalmente a definitiva, enquanto a comunidade vai caminhando e amadurecendo até o descanso eterno."[1]

A assembleia dominical é lugar privilegiado de unidade: ali se celebra o sacramento da unidade, do povo reunido "pela" e "na" unidade do Pai, do Filho e do Espírito Santo. Um domingo sem assembleia eucarística não será um dia do Senhor. É o dia da Igreja por excelência. "A assembleia dominical vai-nos educando para uma consciência mais viva da Igreja, para um sentido mais profundo de pertença, para um compromisso de construção da comunidade, que é não uma realidade já conquistada mas sim um processo de amadurecimento a partir da convocatória de Cristo e de animação do Espírito."[2]

A Eucaristia dominical nos reúne como a família dos filhos de Deus na casa do Pai; marca, no cristão, um estilo de vida pessoal e comunitário. Oferece-nos a ocasião de renovar a graça batismal e de cultivar as atitudes de otimismo, alegria e confiança na misericórdia do Pai. Ela nos dá o Espírito de santidade para vivermos numa relação de intensa comunhão e proximidade. Os cristãos são convocados pelo Senhor e por seu Espírito para alimentar e discernir sua vida diante da Palavra proclamada e do sacrifício de Cristo.

Vivência

O sacramento da Eucaristia suscita um modo de ser mais evangélico, oferece novos significados e valores que fazem a pessoa posicionar-se diferentemente diante de si e da sociedade. Problemas como a fome, a distribuição das riquezas, a justiça social, a discriminação, a violência

---

[1] Cf. ALDAZÁBAL, José. Domingo, dia do Senhor. In: BOROBIO, Dionisio (org.). *A celebração na Igreja*. São Paulo, Loyola, 1990. v. 3, pp. 67-91; aqui, p. 81.

[2] Ibid., p. 82.

e a busca da paz encontram novas luzes no memorial sacramental do sacrifício do Senhor.[3]

O que significa viver segundo o domingo? "O domingo é o dia em que o cristão reencontra a forma eucarística própria da sua existência, segundo a qual é chamado a viver constantemente: 'viver segundo o domingo' significa viver consciente da libertação trazida por Cristo e realizar a própria existência como oferta de si mesmo a Deus, para que a sua vitória se manifeste plenamente a todas as pessoas através de uma conduta intimamente renovada. No início do século IV, quando o culto cristão era ainda proibido pelas autoridades imperiais, alguns cristãos do Norte da África, que se sentiam obrigados a celebrar o dia do Senhor, desafiaram tal proibição. Foram martirizados enquanto declaravam que não lhes era possível viver sem a Eucaristia, alimento do Senhor: — 'Sem o domingo, não podemos viver'. Esses mártires de Abitinas, juntamente com muitos outros santos, fizeram da Eucaristia o centro de sua vida, intercedem por nós e nos ensinam a fidelidade ao encontro com Cristo Ressuscitado!".[4]

Faça o levantamento da freqüência à Missa dominical e de quem participa da Missa e da comunidade juntamente com os familiares. Destaque o sentido do domingo na vida do cristão como um dia especial de revigoramento espiritual no qual a Eucaristia ocupa o lugar central.

Dicas para o encontro

Valorize o domingo como dia de encontro com o Senhor. Mais que ressaltar a obrigação do preceito dominical, conscientize-se sobre sua importância e necessidade para nutrir a vida cristã. Estabeleça o perfil das dificuldades do grupo de participar da Missa ou celebração dominical, e ao lado trace os ganhos de centralizar a Eucaristia como eixo de todos os compromissos da semana. Ao redor do domingo gira toda a vida comunitária de fé, a alegria e a esperança próprias de quem espera no Senhor.

---

[3] Cf. LELO, Antonio Francisco. *A iniciação cristã*; catecumenato, dinâmica sacramental e testemunho. São Paulo, Paulinas, 2005. pp. 131-134.

[4] BENTO XVI. *Exortação Apostólica pós-sinodal Sacramentum Caritatis* sobre a Eucaristia, fonte e ápice da vida e da missão da Igreja. São Paulo, Paulinas, 2007. nn. 72 e 95.

Bibliografia

Rituais

Missal Romano. 2. ed. São Paulo, Paulus, 1992.
Ritual de Iniciação Cristã de Adultos. São Paulo, Paulus, 1972.
Ritual do Batismo de Crianças. Brasília, CNBB, 1998.

Documentos

BENTO XVI. *Exortação Apostólica pós-sinodal Sacramentum Caritatis* sobre a Eucaristia, fonte e ápice da vida e da missão da Igreja. São Paulo, Paulinas, 2007.
Catecismo da Igreja Católica. São Paulo, Paulinas, 1998.
CELAM. *Documento de Aparecida*; texto conclusivo da V Conferência Geral do Episcopado Latino-Americano e do Caribe. 13-31 de maio de 2007. São Paulo, Paulus/Paulinas/Edições CNBB, 2007.
CNBB. *Batismo de crianças*. São Paulo, Paulinas, 1980. (Documentos da CNBB, n. 19).
_____. *Animação da vida litúrgica no Brasil*. São Paulo, Paulinas, 1989. (Documentos da CNBB, n. 43).
_____. *Evangelização da juventude*; desafios e perspectivas pastorais. São Paulo, Paulinas, 2007. (Documentos da CNBB, n. 85).
CONCÍLIO VATICANO II. *Constituição dogmática Lumen Gentium sobre a Igreja*. São Paulo, Paulinas, 1998.

Estudos

ALDAZÁBAL, José. *A mesa da Palavra I*; elenco das leituras da Missa; comentários. São Paulo, Paulinas, 2007.
BELLAVISTA, Joan. *L'any litúrgic*. Barcelona, Centre de Pastoral Litúrgica. 1982. (Col. Leció Saurí).
BOROBIO, Dionisio (org.). *A celebração na Igreja*. São Paulo, Loyola, 1990. v. 3.

BRUSTOLIN, Leomar Antônio & LELO, Antonio Francisco. *Caminho de fé*; itinerário de preparação para o Batismo de adultos e para a Confirmação e Eucaristia de adultos batizados. São Paulo, Paulinas, 2006.

CNBB. *Guia litúrgico-pastoral*. 2. ed. Brasília, Edições CNBB, 2007.

_____. *Hinário litúrgico*; Quaresma, Semana Santa, Páscoa, Pentecostes. São Paulo, Paulus, 1987. vol. 2.

_____. *O Reino de Deus chegou*; roteiros homiléticos do tempo da Quaresma e Tríduo Pascal ano B. São Paulo, Paulinas, Paulus, CNBB, 2006. (Projeto Nacional de Evangelização "Queremos ver Jesus Caminho, Verdade e Vida").

FONSECA, Joaquim. *O canto novo da Nação do Divino*. São Paulo, Paulinas, 2000.

LELO, Antonio Francisco. *A iniciação cristã*; catecumenato, dinâmica sacramental e testemunho. São Paulo, Paulinas, 2005.

NUCAP. *Testemunhas do Reino*; livro do catequista. São Paulo, Paulinas 2008.

_____. *Catequese sacramental*; roteiros explicativos para os encontros. São Paulo, Paulinas, 2008.

RIGO, Ênio José. *A formação litúrgica*. São Paulo, Paulinas, 2009 (em preparação).

SOUZA, Marcelo Barros. *Semana Santa anos A, B, C*. 4. ed. São Paulo, Paulus, 1989.

_____. *Celebrar o Deus da vida*; tradição litúrgica e inculturação. São Paulo, Loyola, 1992.

VV.AA. *El bautismo de niños*. Barcelona, Centre de Pastoral Litúrgica, 1987. (Dossiers CPL, 23).

Sumário

Introdução 9

Como preparar as celebrações 13
Passos da preparação 16

O Ano Litúrgico 21
Finalidade do Ano Litúrgico 24

O memorial pascal 27
O Espírito, doador da vida 30
A Páscoa acontece na vida do povo 31
Vivência 33

Os sacramentos pascais 35
Iniciação pascal 38
Vivência 42

Quinta-Feira Santa – Ceia do Senhor 47
O êxodo 49
O sacramento da entrega de Jesus 50
Celebração litúrgica 52

Sexta-Feira da Paixão do Senhor 63
Celebração litúrgica 66

Sábado Santo 77
　Celebração litúrgica 81

O domingo 93
　Reconhecimento da obra divina 95
　Dia da Ressurreição 96
　Vivência 97
　Dicas para o encontro 98

Bibliografia 99